文士風月録

小谷野 敦
KOYANO
ATSUSHI
韓宛庭 譯

另類的日本近代文學史

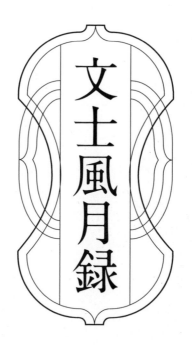

推薦序

東大駒場「戀愛學派」的文士風月錄

吳佩珍

小谷野敦出身東京大學比較文學研究專攻，此研究學門在一九九〇年代主要以「戀愛」與「性慾」的相關研究成果知名，例如佐伯順子的《「色」與「愛」的比較文化史》、Yokota村上孝之的《性的儀禮——欲望從何而來》、張競的《近代中國與「戀愛」的發現》，都是此一學門的重要代表著作。這樣的研究主題成為該時期東大比較文學研究的主流，因而在學界博得了所謂東大駒場「戀愛學派」（因東大比較文學比較文化研究室位於駒場校區）的稱號。以撰寫作家「戀愛風月」知名的小谷野敦，正是此一波研究主流所催生的文藝評論家。其一九九七年的博士論文《〈男性戀愛〉的文學史——日本文學中男性戀愛心理的比較文學研究》（〈男の恋〉の文学史——日本文学における男性恋愛心理の比較文学的研究），即是以男性戀愛的觀點，切入日本近代文學史的獨特論述。論文旋即便在同年以專書的形式出版。

戀愛論述一般傾向從女性的角度出發來檢視「戀愛關係」，在近代文明開化浪潮的襲擊下，女性如何依照「靈肉合一」的戀愛指南，追求理想的「新」兩性關係過程，正是日本近代文學最重要的書寫主題之一。相對於此，小谷野敦則主張為戀愛煩悶、焦慮，絕非女性的「專利」。從某個意義上來說，其實便是從日本近代文學出發，替「宅男」的「戀愛難」發聲辯護。從之後《不受歡迎的男人——超越戀愛論》、《不受歡迎的男人譯浮雲》等書的主題，可見一斑。

小谷野敦的男性戀愛論述，其最重要的對話對象，便是衍生自日本自然主義的「私小說」。以平鋪直述的方式暴露自我的內面、對性慾赤裸裸的告白，都是「私小說」的特徵，例如明治晚期田山花袋的《棉被》、德田秋聲的《黴》、正宗白鳥的《往何處去》等。之後的近松秋江、葛西善藏以及宇野浩二，都是此一系譜的代表作家。然而時而有以「私小說」的自我暴露技法為師的作家，為了「故事性」而「戀愛」，甚或造假不存在的「戀愛」，書中出現的島尾敏雄、美保共同創作的《死之棘》即是一例。

也正因如此，對於「私小說」敬謝不敏，甚至厭惡自然主義的作家，小谷野敦的評價不僅過低，有時甚至是偏頗的，例如他在書中直言不諱「從以前就討厭」的柳田國男。小谷野對柳田國男的厭惡當然其來有自；曾是文學者的柳田國男不僅厭惡自然主義，甚至對身為自然主義文學大家的摯友田山花袋也毫不留情面地加以批評：日本文學都是讓你們這批自然主義作家給敗壞的。

即便如此，本書仍極具可讀性。特別是提供給讀者哪些作品是以真實存在的人物為藍本，以及風月事件所構成的閱讀線索。由於是依文學史發展的時間線軸書寫，因此也可說是一本「另類」的日本近代文學史。

小谷野敦對於私小說「自我暴露」技法的傾倒，從他自己也親自下海創作「私小說」《童貞放浪記》便可清楚看出：作品人物是以他自己本身及戀愛對象為雛型。小谷野敦甚至連創立東大比較文學研究的祖師爺，與臺灣淵源甚深的島田謹二都不放過，在《駒場學派物語》中直指其為好色家，其女性問題甚至讓家人深惡痛絕。小谷野的部分指證，在島田謹二的女兒信子的回顧錄《筱葛之家》中得到證實。

二〇一八年十一月二十九日於指南山麓

（本文作者為國立政治大學臺灣文學研究所副教授）

前言

目前為止，我一共寫了五本文學家傳記，眼下正在籌備近松秋江[1]傳。

傳記最有趣莫過於異性關係，這點並不局限於作家。當然，當事者是同志就是「同性關係」。只是，考察、撰寫此類內容難免為世間唾棄，若是近代人物更會引來子孫反感，還會遭批「沒品」、「愛偷窺別人的私生活」。

以作家來說，常將異性體驗融入私小說[2]中，或是寫成短歌吟詠，因此重點在於「人物雛型的考察」。長谷川泉[3]所編的《國文學解釋與鑑賞臨時增刊 現代作品的樣貌與雛型》（一九八四年十一月）提供了捷徑，但想必信奉「文本論[4]」的日本近代文學研究家石原千秋[5]等人，會把此書視為窮極無聊的研究。

石原是夏目漱石的研究專家，難免為世人至今仍在尋找漱石的情人而感到萬分可笑。然而，世上也有如德田秋聲[6]等，要先了解筆下人物，才能讀懂作品精髓的作家；再者，許多作家的筆下人物也有考察的意義及樂趣所在，例如近松秋江、谷崎潤一郎等。

即使資深學者，也難免有人厭惡論及異性關係，這或許是受到了儒家思想、清教徒思想，乃至近代一夫一妻制的道德觀影響。儘管也有像佐伯彰一[7]等偏好書寫異性關係的學者，但這無關年齡世代，純粹是他個人的喜好。

當然，你要說我是窺密狂或八卦記者都行，閒來無事翻閱桃色軼聞，是我最大的樂趣。本書裡，我試著搜羅了約六十名日本近代文學家，記下他們與異性（或同性）間的情愛糾葛。

1 近松秋江（一八七六～一九四四），本名德田丑太郎，小說家、評論家，情痴文學為其代表。
2 二十世紀日本文學的特有體裁，取自作者自身經驗，採自我揭露的敘事法。明治四十年（一九〇七），田山花袋的《棉被》開啟私小說潮流，其他著名作品有三島由紀夫《假面的告白》等。
3 長谷川泉（一九一八～二〇〇四），日本文學研究學者，專攻日本近代文學。
4 認為文章不該受作者的意圖支配，應著重文章本身的思想流派。
5 石原千秋（一九五五～），日本文學研究學者，早稻田大學教授，專攻日本近代文學。
6 德田秋聲（一八七二～一九四三），小說家，師事尾崎紅葉，自然主義派作家。
7 佐伯彰一（一九二二～二〇一六），比較文學研究家、文學評論家，專攻美國文學。東京大學名譽教授。

附註，本書同我過去的寫作習慣，使用當時的年歲（事件年分減出生年分）來標記。

遇到實歲或虛歲等情況，也是這樣處理。

俊男美女一字排開！
文豪們的年少時代

※括弧內為照片中的年紀

夏目漱石（29）
p.24

森鷗外（留學時期）
p.30

坪內逍遙（32）
p.38

國木田獨步（25）
p.44

田山花袋（27）
p.48

德田秋聲（？歲）
p.100

島崎藤村（25）
p.105

樋口一葉（23）
p.62

與謝野鐵幹（29）
p.56

泉鏡花（？歲）
p.59

柳田國男（35）
p.109

近松秋江（25）
p.69

有島武郎（28）
p.52

永井荷風（28）
p.113

齋藤茂吉（34）
p.117

川田順（？歲）
p.121

北原白秋（25）
p.66

谷崎潤一郎（35）
p.131

平塚雷鳥（25）
p.137

折口信夫（？歳）
p.73

菊池寛（31）
p.77

里見弴（27）
p.140

和辻哲郎（？歳）
p.144

倉田百三（29）
p.80

久米正雄（27）
p.87

芥川龍之介（29）
p.92

廣津和郎（？歳）
p.147

佐藤春夫（31）
p.150

宇野千代（35）
p.169

川端康成（23）
p.156

島田清次郎（？歳）
p.161

宮本百合子（19）
p.165

小林秀雄（33）
p.172

林芙美子（27）
p.175

堀辰雄（26）
p.179

伊藤整（25）
p.183

中勘助（20）
p.127

圓地文子（23）
p.188

耕治人（64）
p.194

高見順（32）
p.197

太宰治（31）
p.205

大岡昇平（26）
p.210

中里恒子（43）
p.215

檀一雄（23）
p.218

織田作之助（？歳）
p.221

田中英光（27）
p.225

木下順二（42）
p.228

野間宏（41）
p.232

島尾敏雄（45）
p.236

有馬頼義（37）
p.241

加藤周一（38）
p.245

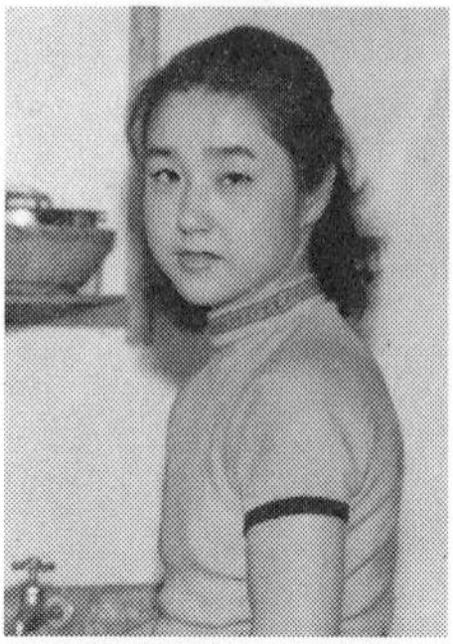

豊田正子（？歳）
p.248

吉行淳之介（42）
p.251

安部公房（48）
p.257

三島由紀夫（31）
p.259

井上光晴（40）
p.263

澀澤龍彥（45）
p.266

開高健（43）
p.270

高橋和巳（？歲）
p.273

江藤淳（34）
p.276

照片提供／日本近代文學館、朝日新聞社、共同通信社、讀賣新聞社

生島治郎（39）
p.278

池田滿壽夫（43）
p.280

Contents

目次

推薦序　東大駒場「戀愛學派」的文士風月錄　吳佩珍……3
前言……6

第一章　幕末出生的文豪……23
夏目漱石（一八六七～一九一六）……24
森鷗外（一八六二～一九二二）……30
坪內逍遙（一八五九～一九三五）……38

第二章　明治年間出生I——日清戰爭前……43
國木田獨步（一八七一～一九〇八）……44
田山花袋（一八七二～一九三〇）……48
有島武郎（一八七八～一九二三）……52
與謝野鐵幹（一八七三～一九三五）……56
泉鏡花（一八七三～一九三九）……59
樋口一葉（一八七二～一八九六）……62
北原白秋（一八八五～一九四二）……66
近松秋江（一八七六～一九四四）……69
折口信夫（一八八七～一九五三）……73

菊池寛（一八八八～一九四八）……77
倉田百三（一八九一～一九四三）……80
久米正雄（一八九一～一九五二）……87
芥川龍之介（一八九二～一九二七）……92

第三章　明治年間出生II——日清戰爭前&長壽者（超過七十歲）……99

德田秋聲（一八七一～一九四三）……100
島崎藤村（一八七二～一九四三）……105
柳田國男（一八七五～一九六二）……109
永井荷風（一八七九～一九五九）……113
齋藤茂吉（一八八二～一九五三）……117
川田順（一八八二～一九六六）……121
中勘助（一八八五～一九六五）……127
谷崎潤一郎（一八八六～一九六五）……131
平塚雷鳥（一八八六～一九七一）……137
里見弴（一八八八～一九八三）……140
和辻哲郎（一八八九～一九六〇）……144
廣津和郎（一八九一～一九六八）……147
佐藤春夫（一八九二～一九六四）……150

第四章　明治年間出生Ⅲ——日清戰爭後 155
川端康成（一八九九～一九七二） 156
島田清次郎（一八九九～一九三〇） 161
宮本百合子（一八九九～一九五一） 165
宇野千代（一八九七～一九九六） 169
小林秀雄（一九〇二～一九八三） 172
林芙美子（一九〇三～一九五一） 175
堀辰雄（一九〇四～一九五三） 179
伊藤整（一九〇五～一九六九） 183
圓地文子（一九〇五～一九八六） 188
耕治人（一九〇六～一九八八） 194
高見順（一九〇七～一九六五） 197
太宰治（一九〇九～一九四八） 205
大岡昇平（一九〇九～一九八八） 210
中里恒子（一九〇九～一九八七） 215
第五章　大正年間出生 217
檀一雄（一九一二～一九七六） 218
織田作之助（一九一三～一九四七） 221

田中英光（一九一三～一九四九）……225
木下順二（一九一四～二〇〇六）……228
野間宏（一九一五～一九九一）……232
島尾敏雄（一九一七～一九八六）……236
有馬賴義（一九一八～一九八〇）……241
加藤周一（一九一九～二〇〇八）……245
豐田正子（一九二二～二〇一〇）……248
吉行淳之介（一九二四～一九九四）……251
安部公房（一九二四～一九九三）……257
三島由紀夫（一九二五～一九七〇）……259
井上光晴（一九二六～一九九二）……263

第六章　昭和初期出生……265

澀澤龍彥（一九二八～一九八七）……266
開高健（一九三〇～一九八九）……270
高橋和巳（一九三一～一九七一）……273
江藤淳（一九三二～一九九九）……276
生島治郎（一九三三～二〇〇三）……278
池田滿壽夫（一九三四～一九九七）……280

後記……283

第一章

幕末出生的文豪

夏目漱石
Soseki Natsume
（一八六七～一九一六）

漱石，名金之助。我得到的結論是，漱石只結過一次婚，雖然膝下有好幾個孩子，但不曾與妻子以外的女人交媾，也不曾在外買春。

漱石何以成為「國民作家」？一來他是東大畢業的英文學者，在東大擔任講師；而日本在進入明治四十年之後，自然主義[1]蔚為潮流，書寫性經驗的作家輩出，漱石卻避開性愛描寫，中產階級家庭判定漱石的作品讀了無妨，因而奠定起他的國民地位。大正五年（一九一六），漱石的門生赤木桁平[2]在《讀賣新聞》發表了〈撲滅「遊蕩文學[3]」〉一文，抨擊近松秋江、吉井勇[4]、久保田萬太郎[5]、後藤末雄[6]等撰寫情痴小說[7]的作家，惟有森鷗外、小山內薰[8]和谷崎潤一郎不在其列，原因不得而知。他甚至表示，當今世上，恐怕只有漱石和小川未明[9]不流於此道。未明是現代知名的童話作家，不過當時還只是平凡的小說家。

綜觀漱石門徒，成為學者的比當上作家的還多，其中一個原因，是鏡子夫人[10]以英文學者的太太自居，不認為自己是小說家的妻子，希望門生也走學問之路。

岩波書店是岩波茂雄受到漱石賞識，藉由發行《心》而起家的出版社，因此被認

1 指日本在一九〇〇年代受法國自然主義文學代表人物埃米爾・左拉影響所誕生的文學流派，為明治末年的主流文學，原指作家應當無關善惡美醜，觀察自然的事實書寫「真相」，不做庸俗之美化。主要代表作品及作家有島崎藤村《破戒》、田山花袋《田舍教師》等。田山花袋的《棉被》更使自然主義在日本變質為赤裸情慾的真實描寫，脫離左拉原先提倡的客觀性與寫作方式。

2 赤木桁平（一八九一～一九四九），本名池崎忠孝，評論家、政治家，為撰寫夏目漱石傳記第一人，大正時期「撲滅遊蕩文學」運動代表人物。

3 書寫耽溺酒色等糜爛精神的文學傾向。

4 吉井勇（一八八六～一九六〇），歌人、編劇，為舊華族伯爵。

5 久保田萬太郎（一八八九～一九六三），俳人、小說家、劇本家，為江戶人，善於描寫下町人情。

6 後藤末雄（一八八六～一九六七），作家、比較文學研究家，專攻法國文學。

7 有別於「官能」的新語。書評家北上次郎（一九四六～）對此做出研究，將情痴小說定義為主角有「缺乏主體性」、「優柔寡斷」、「反省癖」、「善於替自己辯護」、「對任何事都提不起勁」等五大爛男人特徵。

8 小山內薰（一八八一～一九二八），劇作家、表演家，日本戲劇界知名改革人物。

9 小川未明（一八八二～一九六一），本名小川健作，日本兒童文學之父，日本兒童文學協會首任會長。

10 夏目鏡子（一八七七～一九六三），夏目漱石之妻，貴族院書記官長中根重一的長女。

為是「正經」的出版社，但是昭和之後，岩波出版了描寫與藝妓、娼妓交遊的永井荷風[11]全集，震驚社會。不過在此以後，岩波大致承襲著「正經路線」，直至今日。

話雖如此，漱石也寫過「戀愛小說」類的作品，只是字裡行間難掩他一貫厭惡女性的氛圍，在《心》等多部作品裡，充斥著友情因受女子蠱惑而破滅的埋怨女性之聲。《草枕》裡雖有著名的那美[12]裸體描述，但漱石對於性場面的描寫頂多如此。

不過，由於漱石的高人氣，「尋找漱石情人」的風潮蔚為一時。第一個被懷疑的對象，是與美學家小屋保治[13]結婚的小說家大塚楠緒子，本名「久壽雄」（kusuo），因此，「楠緒子」的正確讀音應為「kusuoko」，但也有人讀作「naoko」。楠緒子師出漱石，經由漱石引介，在《朝日新聞》連載〈空薰〉等作品，於明治四十三年（一九一〇）早逝，當時漱石吟詠書寫了俳句「投盡菊花入棺中」，世人以此為據，懷疑漱石愛慕才色兼備的楠緒子。事實上，楠緒子並非那麼漂亮。

此外，據說《草枕》中的外放女子那美，原型來自與漱石的門生森田草平[14]殉情未遂的平塚雷鳥[15]。漱石曾在作為故事舞臺的小天溫泉，巧遇地方政治家前田案山子的次女阿卓，她也被視為那美的雛型之一。但是，阿卓比漱石小一歲，兩度婚姻破碎而住老家，漱石以第五高等學校教師的身分拜訪會面，當時雙方約莫三十，阿卓的外貌並非特別出眾。

漱石如此描述那美的裸體：「其身姿不似普通的裸體那般露骨地對上眼前。彷彿化萬物為幽玄的一種靈氣，使得充足的美只顯得內斂而晦澀。在揮毫潑墨間點出一鱗半爪（略）清心寡慾地望著赤裸裸的肉體，不自覺便產生神往的餘韻。」在《太陽》[16]一九九四年八月號中，佐伯順子[17]前往小天溫泉取材，描述了「漱石筆下的『自然』」。「我把自己當成是《草枕》裡的畫師去泡湯。男湯和女湯當然有別。仿效小說情境，我應該要慢一步朝同行的S與攝影師（橫山良一）走入的男湯方向翩然登

11 永井荷風（一八七九～一九五九），本名壯吉，小說家、翻譯，主要研究領域有江戶文學、遊蕩文學等。
12《草枕》中畫家拜訪的溫泉旅館老闆的女兒，美若天仙。
13 小屋保治（一八六九～一九三一），婚後改姓大塚，東京帝國大學教授，夏目漱石的摯友。
14 森田草平（一八八一～一九四九），本名森田米松，作家、翻譯。其不檢點的私生活堪稱漱石門生當中的異類。
15 平塚雷鳥（一八八六～一九七一），本名平塚明，平假名筆名的漢字可寫做「明子」，也有人寫做「雷鳥」。思想家、作家、女性解放運動家、和平運動家。
16 博文館於一八九五年創辦的綜合雜誌。
17 佐伯順子（一九六一～），比較文化學者，同志社大學教授。

場，但我沒信心藉由裸體得到『神往的餘韻』，因而作罷。（略）話說回來，這時候蒸氣中若是突然出現『如詩如畫的美景』，那也不會是男性的裸體，而是女性的裸體吧，我偷偷苦笑。」

文藝評論家江藤淳甫入文壇便主張「漱石愛慕大嫂登世，兩人甚至暗通款曲」。他在《漱石與他的時代》（一九七〇）中如此寫道，還將漱石早年以丁尼生（Alfred Tennyson）為基礎所創作的亞瑟王傳說之中，蘭斯洛特與關妮薇的祕戀[18]指涉為漱石與大嫂的關係，出成論文集《漱石與亞瑟王傳說》（一九七五），拿下慶應大學的博士學位。同一時期還有小坂晉[19]發表《漱石之愛與文學》（一九七四），否定江藤的說法，以夾頁附錄的形式與平野謙[20]紙上對談，批判江藤的學說，認為漱石愛的是楠緒子才對，就連大岡昇平[21]也批評江藤。

除了這些，漱石年輕時在井上眼科驚鴻一瞥的「長襬少女」究竟是誰，也是眾多研究家議論紛紛的焦點。直到最近，堅稱森鷗外《舞姬》中的愛麗絲是猶太人的荻原雄一[22]發表了新說，認為少女是陸奧宗光[23]的女兒。此神祕女子乃絕世美女，每當推出明治美人的企畫，一定少不了她的側影照。

繼江藤以後，「尋找漱石情人」的風氣雖然退燒，卻仍餘波蕩漾。其中一位完全沒被列入「漱石愛過的對象」，舊名為小手川八重（ヤエ）的門生作家，後來嫁給野上豐一郎[24]，改名野上彌生子，活到了將近百歲。彌生子年輕時，翻譯過岩波文庫也曾收錄的美國作家伯爾芬希（Thomas Bulfinch）的《傳說時代》（後分成《希臘羅馬神話》與《中世騎士物語》兩本），當時漱石特別為她寫了序文。

漱石雖是相親結婚，不過男人一生當中欣賞過四、五個女子實屬平常。先不論他是否如江藤所言，曾與大嫂偷情，要說他有個情人實在很牽強。因此，漱石的情形是明明沒有實質上的偷情行為，後人卻擅自興起「尋找情人」風氣的例子。

---

18 出自漱石的英國見學錄〈薤露行〉。
19 小坂晉（一九二九～一九九三），日本近代文學研究家。
20 平野謙（一九〇七～一九七八），本名平野朗，文藝評論家。
21 大岡昇平（一九〇九～一九八八），小說家、評論家、法文翻譯。
22 荻原雄一（一九五一～），文藝評論家、小說家、攝影家、翻譯，專攻日本近現代文學。
23 陸奧宗光（一八四四～一八九七），政治家、外交官。
24 野上豐一郎（一八八三～一九五〇），英文學者、能樂研究家。

森鷗外
Ogai Mori

（一八六二～一九二二）

談到鷗外森林太郎就想到《舞姫》。此作品發表於明治二十三年（一八九〇），時間非常早，以文言文寫成，常編入高中國文教科書裡。《舞姫》以「煤炭迅速堆放完成」一句破題，令人摸不著頭緒，我高中讀到時，並不知道這是在講主人翁太田豐太郎坐船從德國返日，利用船在西貢港等待煤炭補給的時間，回想身在德國時期的種種。

村上春樹在《挪威的森林》（一九八七）裡仿效這種寫法，讓渡邊準備降落德國漢堡機場時，細數十八年前的往事。回到話題，眾所周知，《舞姫》發表當時曾引發「爭論」，人們認為這是森林太郎的真實體驗，巖本善治[1]甚至毫不避諱地開罵：「始亂終棄簡直太不像話！」石橋忍月[2]深知文學創作的價值不應受到道德評斷，持保留態度批評，鷗外則借書中以友人身分登場的相澤謙吉的名義回應：「太田豐太郎是不懂真愛之人。」說來也是挺莫名其妙。

即使到了現代，仍有人無法理解這種心態，但我得說，不是只有森林太郎會幹這種事；正如來日本的外國人會包二奶，遠赴他鄉的日本菁英也會在當地尋找社會底層的女子做小三，等到要回國時再用錢打發，類似的例子所在多有，無關國籍。我們應該把重點放在「社會底層的女子」，畢竟愛麗絲連德文讀寫都是豐太郎教的，美其名「舞姬」，說穿了即「舞孃」，與娼妓同路。

二十年後，鷗外發表了短篇小說〈普請中〉[3]，寫的是疑似愛麗絲的女子從德國渡海而來的重逢記，一般認為是虛構情節。但是四天後，的確有個相當於愛麗絲・韋克特的女人追著鷗外來到日本，此事經由鷗外的妹妹小金井喜美子的孫子星新一在《祖父・小金井良精記》一書中揭露，據說女子在小金井與友人賀古鶴所[4]等人的勸說下黯然回國。

1　巖本善治（一八六三～一九四二），評論家、教育家，《女學雜誌》創辦人，致力為女性發聲。

2　石橋忍月（一八六五～一九二六），文藝評論家、小說家、律師、政治家。因為《舞姬》、《泡沫記》等與森鷗外爭論而在評論界獲得名聲。

3　「施工中」之意，此處用來描述日本在日俄戰爭後趨向近代國家但仍不完全的狀態。

4　賀古鶴所（一八五五～一九三一），耳鼻喉科醫生，恩賜財團濟生會醫院創辦人之一。

這位愛麗絲一如「漱石的情人」撲朔迷離，有人積極考據、撰寫文獻，如荻原雄一曾提出「愛麗絲是猶太人」的說法（二〇〇一年《舞姫的愛麗絲是猶太人論》）。十年後，六草一花[5]從德國查出愛麗絲的身分，發表了翔實的調查成果，荻原不知道哪根筋不對勁，展開猛烈抨擊。至於愛麗絲到底是不是猶太人，我個人是一點也不想知道。

之後，鷗外與海軍中將赤松則良之女登志子結婚，生下了長子於菟，卻在一年半後以離婚收場，當時年僅二十八歲，森家與赤松家的關係惡化。據說鷗外總是挑燈苦讀至深夜，太太也得醒著，實在強人所難；另一個原因是鷗外的母親阿峰不喜歡她。

鷗外於四十歲時再婚，對象是司法官荒木博臣的女兒阿茂[6]。阿茂當時才二十二歲，貌美如花，鷗外疼她「如待藝術品」，還讓她寫小說。筆者高中一年級時，看了地方電視臺播放以鷗外為主角的三小時連續劇《恰如獅子》。鷗外由江守徹[7]飾演，阿茂則由十朱幸代[8]演出，隔天，教現代國文的老師還說：「人們說美得像幅畫的，可不是指十朱幸代喔。」

不過，鷗外從離婚到再婚相隔十二年，三十幾歲年輕氣盛的男人，該如何處理性生活呢？答案是他擁有小妾。

黑岩淚香[9]曾在《萬朝報》[10]連載題名為〈窺見社會風氣的敗壞　養妾實例〉的揭露報導，在明治三十一年（一八九九）七月刊出下文：「森鷗外（略）讓一個名叫兒玉關（せき）的女人（三十二歲）從十八、九歲起當他的小妾，極盡溺愛之能事。他與生下兒子的太太離婚時，本想將阿關納為正室，無奈母親反對而放棄。母親體諒鷗外深愛阿關，允許鷗外收她為外妾，為求不引起家族內紛爭，安排阿關與其母阿波（なみ）（六十歲）同住於附近的千駄木林町十一番地，與鷗外分開住，從此以後由鷗外之母持續照料二人。」阿關是寡婦，據說是《雁》的參考人物。淚香的報導後被人們遺忘，直到昭和二十九年（一九五四），於菟在《文藝春秋》發表〈鷗外的祕密情

---

5 六草いちか（一九六二～）報導文學作家，住在德國柏林。

6 森志げ（一八八〇～一九三六），又稱森茂（子），森鷗外知名的美人惡妻，同時也是一位小說家，曾於雜誌《青鞜》等發表超過二十篇小說。

7 江守徹（一九四四～），本名加藤徹夫，舞臺劇演員、播音員、翻譯。

8 十朱幸代（一九四二～），本名小倉幸子，演技派女演員。

9 黑岩淚香（一八六二～一九二〇），本名黑岩周六，作家、思想家、記者、翻譯。

10 黑岩淚香創辦的日報，為日本醜聞報導先驅，一八九九年末躍為東京發行量第一的報紙，由於使用淡紅色的紙張印刷，又稱「赤新聞」，於一九四〇年停刊。

人〉一文，此事遂成話題。

鷗外受到漱石《三四郎》的啟發而寫下《青年》，據說主人翁小泉純一的參考原型是石川啄木[11]，內容則是鷗外的真實體驗。故事裡，純一在寡婦坂井禮（れい）子的誘惑下，連「訴說愛語」都沒有就發生性關係，這不正是鷗外年輕時的寫照嗎？

鷗外既是秀才又是軍人，生得相貌堂堂，集優勢於一身，想必很受女人歡迎。他和漱石不一樣，據說也沉迷於藝妓酒色。

題外話，鷗外有個當醫生的弟弟叫篤次郎，曾以筆名三木竹二發表歌舞伎評論，與伊原青青園[12]合創了雜誌《歌舞伎》，卻於明治四十一年（一九〇八）早逝。竹二之妻久子也用白井真如的名義撰寫歌舞伎評論，她舊姓長谷，比竹二小十一歲，竹二去世那年才剛滿二十九歲。起初家族希望她改嫁三男潤三郎，遭到拒絕，接著又想安排她與妻子過世的幸田露伴[13]結婚，再次失敗，聽說露伴相當生氣。如此這般，久子之後雖然嫁給了建部遯吾[14]，不過也很快就告吹了。

大正四年（一九一五），近松秋江以「真如女學士」的經歷為基礎，寫下小說〈再婚〉，內容指出真如與建部結婚之前，曾與某男子私通；依秋江所見，兩人在相親之後展開祕戀，等到真如決定與建部再婚後，就與這名年紀較小的律師分手了。成瀨正勝[15]在〈激怒鷗外的近松秋江著作〉（《鷗外》一九六九年五月）談到，鷗外之所以迴避這些，是因為內容很可能屬實。可是，山崎國紀[16]所著的《森鷗外評論傳》卻完全沒寫到這件事。松本清張的《畫像・森鷗外》雖有觸及，但清張一反常態，並未針對私通的部分進一步推敲。森まゆみ[17]（mayumi）的《鷗外之坂》裡收錄了鷗外的日記，當中提到明治四十二年（一九〇九），久子曾與英語教師山本英造私下見面，但無法確認此人是否為傳聞中的偷情對象。

秋江在書中調侃：「說起來，既然因為相親認識，彼此互看順眼，結婚不就好了？」猜測男人後來另有家室。而說到律師，任誰都會想到一個名字，就是平出修[18]。

---

11 石川啄木（一八八六～一九一二），本名石川一，詩人、小說家、評論家。
12 伊原青青園（一八七〇～一九四一），本名敏郎，劇作家、劇評家。
13 幸田露伴（一八六七～一九四七），本名幸田成行，小說家，代表作有《五重塔》、《命運》等。
14 建部遯吾（一八七一～一九四五），社會學家、政治家、東京帝國大學教授。
15 成瀨正勝（一九〇六～一九七三），筆名雅川滉，作家、文藝評論家。
16 山崎國紀（一九三三～），日本近代文學研究家。
17 森まゆみ（一九五四～），作家、編輯、市民運動家。
18 平出修（一八七八～一九一四），舊姓兒玉，小說家、律師，在幸德事件（大逆事件）中擔任律師。

平出的年紀沒有比真如小，不過也比篤次郎年輕多了。此外，〈再婚〉裡的小情人三輪曾以「文學博士都築（建部）比法律學士當律師的自己更好嗎？」來質問女子。平出畢業於明治法律學校，不確定他是不是法律學士，但不是帝大畢業，或許令他自卑。平出後來入贅平出家，明治四十四年（一九一一）時，已有三個兒子。他和鷗外因為觀潮樓歌會[19]與《昴》[20]有所交集，明治四十三年（一九一〇），大逆事件[21]發生時，曾上過鷗外的社會主義課。

另外還有一個推測，因為平出於大正三年（一九一四）英年早逝，秋江才在隔年寫下了〈再婚〉。

換個話題，我在一九九八年的秋天決意辭去大阪大學的教職，前往東京，參加了四家大學的公開招募，早稻田大學理工學院的英語教師馬上親口邀我去面試。那是一場英語口試，森於菟當上英文學者的兒子森常治（一九三一～二〇一五）也在，我提出了我的博士論文《「男人的戀情」文學史》，森常治說：「所謂愛啊，」他頓了頓，「就是當你想拋下對方遠走時，聽到對方說『不要走』，會感到痛徹心扉。」這完全就是《舞姬》的寫照，我很訝異他如此尊敬祖父。

＊參考文獻
・森於菟《身為父親的森鷗外》，筑摩書房，一九六九（後收於文庫）
・星新一《祖父・小金井良精記》，河出書房新社，一九七四（後收於文庫）
・六草いちか《鷗外之戀　舞姬愛麗絲的真相》，講談社，二〇一一
・黑岩涙香《窺見社會風氣的敗壞　養妾實例》，社會思想社　現代教養文庫，一九九二

19 森鷗外於一九〇七年在自宅主辦的歌會。觀潮樓為鷗外邸的名稱。
20 一九〇九～一九一三年發行的浪漫主義文藝雜誌月刊。
21 明治政府於一九一〇年以「大逆罪」為名，捏造了暗殺天皇的假陰謀，打壓、起訴全國的社會主義運動者，並於一九一一年處決以幸德秋水為首的十二名社運人士。

坪內逍遙
Shoyo Tsubouchi

（一八五九～一九三五）

逍遙，坪內雄藏，在東京大學主修政治經濟學，卻是文科大學畢業的文學士，不過這裡的文學士是「文組、理組」的「文組」，而非現今的「文學院」。他鍾情於德川時代的戲作[1]，尤其喜愛馬琴[2]。然而在大學接受西洋教師的文學教育之後，卻發表了否定馬琴的近代文學宣言《小說神髓》[3]，並且撰寫小說《當世書生氣質》，實踐其主張。除了「逍遙」之外，另有「春廼屋朧」等筆名。

那個年代，根津設有紅燈區，後因「大學附近不該有風化區」而遷至洲崎，在遷區之前，逍遙常上根津紅燈區尋歡，戀上名喚花紫的妓女，最後兩人步入禮堂，花紫即後來的千（セン）夫人。

當時，名列明治偉人的木戶孝允與初代內閣總理大臣伊藤博文，都娶了藝妓為妻；泉鏡花、永井荷風等也與藝妓結婚，有人以為藝妓和妓女差不多，實際上兩者差得可多了。名人當中娶妓女為妻的，我只能想到德川時代的山東京傳[4]與其弟京山，還有昭和時代的生島治郎[5]而已。

逍遙對世人隱瞞妻子的出身，但在當時已是昭然若揭的祕密。隨後逍遙當上早稻田大學教授，展開他的教育事業，此「家醜」曾一時打擊他的聲望。有人說逍遙因而錯失東大教職，但他就算去東大教書也是教英文，而東大英文科系直到大正五年（一九一六）為止都是聘用英國人當講師，並無日籍專任教師，所以這是無稽之談。

聽說千夫人自知成為丈夫的絆腳石，便鞠躬盡瘁做個好太太，看照片是名臉型瘦長的美人，長得很像坪內美希子[6]，令人不由得莞爾：「不愧是祖孫。」但事實上，逍

---

1 江戶時代後期通俗小說的總稱。
2 曲亭馬琴（一七六七～一八四八），本名瀧澤興邦，作家，代表作為《南總里見八犬傳》。
3 坪內逍遙的論文，由松林堂出版。引用西方近代小說的發展理論，上集論述文學的原理，下集闡明小說的技術。明治時代的日本文學以江戶戲作與啟蒙西方思想的政治小說為主，《小說神髓》主張文學應跳脫道德和功利主義進行客觀描寫，強調心理上的寫實主義，對日本近代文學產生重大影響，小說（novel）一詞也在坪內逍遙的提倡下，開始在日本廣泛使用。
4 山東京傳（一七六一～一八一六），浮世繪師、戲作家。
5 生島治郎（一九三三～二〇〇三），本名小泉太郎，小說家。

遙並未留下子嗣，兒子士行是領養的，美希子和千夫人並無實質上的血緣關係。照這樣推敲起來，士行應該是娶了貌似養母的女子為妻吧。

第一部明白道出逍遙夫人身世的文獻，是松本清張的〈行者神髓〉。逍遙長壽地活到了昭和十年（一九三五），壽終七十六歲，當時夫人燒掉了他的遺稿，人們猜想，上頭或許寫了夫人的往事。

遺憾的是，逍遙的養子坪內士行後來在寶塚歌劇團任事，想跟團內女演員結婚遭逐出家門；逍遙的愛徒島村抱月[7]則是已有妻室，卻和逍遙旗下文藝協會的女演員松井須磨子傳出不倫，被逐出師門。隨後抱月患上西班牙流感，年紀輕輕就去世了，須磨子也追隨他上吊自盡。

逍遙的繼承人接連身陷情愛糾葛，與他本身娶了妓女的卑屈情結有關嗎？儘管津野梅太郎[8]出版了《滑稽巨人》來評論逍遙，但窮盡畢生翻譯莎士比亞全集的逍遙，確實功不可沒。

*參考文獻

・松本清張《文豪》，文藝春秋，一九七四（後收於文庫）

---

6 坪內ミキ子（一九四〇～），女演員。父親為戲劇評論家坪內士行（寶塚歌劇團員工、寶塚音樂學校顧問），母親為寶塚歌劇團一期生（TOP女役）雲井浪子。

7 島村抱月（一八七一～一九一八），文藝評論家、舞臺劇演員、劇作家、小說家、詩人。日本新劇運動先驅之一。

8 津野梅太郎（一九三八～），舞臺劇演員、編輯、評論家。

第二章

明治年間出生 I

——日清戰爭前

國木田獨步

Doppo Kunikida

（一八七一～一九〇八）

獨步本名哲夫，年輕時便與田山花袋交好，是個嚮往文學的貧困青年。日清戰爭（甲午戰爭）時，以《國民新聞》的記者身分從軍，藉由「寄給弟弟的信」的主題連載戰事報導，此「愛弟通信」獲得好評，稍微打開知名度。

佐佐城豐壽是號稱仙台藩之星的武家女子，當時正從事婦女參政權運動與娼妓解放運動，丈夫是醫生，為資產階級家庭的夫人。獨步受邀參加在佐佐城家舉辦的從軍記者歡迎會，見到十六歲的女兒信子演唱〈雪之進軍〉等曲目，為之著迷。獨步的作品以描寫武藏野風情的《武藏野》最為知名，但在讀過獨步歿後出版的日記《告白記》之後，世人才知道《武藏野》是把與信子談情內容抽掉，只留下風景的作品。

然而，佐佐城豐壽堅決反對兩人婚事。父親雖說較置身事外，但先不論女兒年紀還小，主要是不想將女兒嫁給小有名氣的貧窮書生。最後獨步不顧家長反對，強行與信子成婚。信子是個臉頰豐潤、目光炯炯的美女。獨步曾找《國民新聞》的德富蘇峰[1]傾訴煩惱。遺憾的是，年輕的信子耐不住貧困生活與獨步愛吃醋的個性，後來鬧失蹤，回到老家。

獨步曾在京都寺院住過一段時期，當時與鄰家姑娘發生關係，產下一子，傳聞他是村上春樹的祖父，未經證實。隨後獨步回到東京，娶了治子[2]為妻，夫妻相互扶持，白首偕老，所生的兒子叫虎雄，後成為編輯、作家。不過，獨步與治子成婚前，也曾讓其他女人懷孕生子。

說到佐佐城信子，數年後許配給了住美國名叫森廣的男子，但在搭乘輪船鎌倉丸赴美途中，與鎌倉丸的輪機長武井勘三郎陷入熱戀。武井長得像日本名演員西田敏行，離過婚。這件事很快就傳開了，報紙甚至連載過〈鎌倉丸豔聞〉，獨步還是讀了報紙之後，才知道信子曾經產下自己的小孩。

---

1 德富蘇峰（一八六三～一九五七），記者、歷史學家、評論家。《國民新聞》創辦人，代表作為《近代日本國民史》，為德富蘆花之兄。

2 國木田治子（一八七九～一九六二），本名治，小說家。相傳是名良妻。

鎌倉丸抵達西雅圖後，信子沒有下船，直接隨武井搭船回國，兩人正式成婚。母親豐壽因為信子的醜聞辭退婦女矯峰會的職位，從此退居幕後。

明治三十五年（一九〇二），獨步偶然在鎌倉遇見信子，寫下〈鎌倉夫人〉。明治四十年（一九〇七），花袋發表了《棉被》，迎來自然主義的全盛期；獨步以自然派代表人物闖出名聲，但他當時已經罹患肺病，在茅崎療養，隔年撒手人寰。

文藝青年之間開始盛行閱讀獨步的作品，人手一本《獨步集》，但它的初版發行量只有五百本，可見文藝青年的數量就這麼少。

信子活得比較久，一生卻不平靜。這要提到信子的前未婚夫森廣，他是有島武郎[3]的朋友。有島在明治四十三年（一九一〇）創刊的《白樺》雜誌[4]上，以信子為模特兒連載〈某女子的曇花一現〉，隨後改稿加筆修正為《一個女人》出版。書中的女主角早月葉子最後病死，信子大為光火，正想去找有島理論，有島卻已殉情自殺。

佐佐城信子的表妹黑光與相馬愛藏[5]結婚，在新宿開了麵包店中村屋，後因藏匿印度獨立運動首領而廣為人知。相馬黑光的自傳《默移》裡，信子也有登場。信州安曇野出身的雕刻家荻原碌山（本名守衛）被黑光迷得神魂顛倒，幾經煩惱之後，以黑光為模特兒創作了〈女人〉，剛滿三十歲就死了。隨後，安曇野出身的臼井吉見[6]寫下長篇小說《安曇野》，勾勒出黑光、碌山等人的群像劇，但有人說他真正想寫的是黑光為多麼善於勾引男人的惡女。

＊參考文獻

・小谷野敦《發現單戀》新潮社，二〇〇一

3 有島武郎（一八七八～一九二三），小說家，信奉基督教，白樺派代表人物之一，與波多野秋子殉情。
4 發行於一九一〇至一九二三年間的文學藝術同人誌，為白樺派作家活躍的舞臺，在第一次世界大戰期間的日本文學史上扮演了重要的角色。
5 相馬愛藏（一八七〇～一九五四），企業家。
6 臼井吉見（一九〇五～一九八七），編輯、小說家、日本藝術院會員。

田山花袋

Katai Tayama

（一八七二～一九三〇）

花袋，本名錄彌，群馬縣人。世間普遍流傳他年近五旬的發福照，不過他年輕時儘管稱不上美型，身材卻是纖瘦且頗具威儀。

花袋長年在博文館任職編輯，後擔任有自然主義堡壘之稱的《文章世界》[1]主編。他隨後與摯友太田玉茗[2]的妹妹結婚，生平重要大事是在明治四十年（一九〇七）發表了《棉被》，因而聲名大噪。

《棉被》講述一名叫橫山芳子的女學生，來到作家竹中時雄（古城）家拜師學藝。芳子的參考人物為廣島縣上下町（現府中市）出身的岡田美知代。起先竹中拒收芳子當門徒，慢慢被她的誠意打動，收留之後才驚覺她是如此可愛的少女。美知代說不上大美人，不過年輕時尚稱可愛。竹中漸漸對芳子萌生淡淡情愫，並以為芳子同樣愛慕自己，回過神來才得知她有個叫田中的男友，於是叫來她的父親商量。芳子說自己和田中是清白交往，換言之，兩人並未發生性行為，隨後又寫信坦承「我是墮落的女學生」，承認曾和田中發生關係，被父親帶回老家。竹中懊悔不已，心想：「早知如此，當初何必顧及她的貞操，自己也做下去不就得了？」將臉埋入芳子蓋過的棉被，嗅聞著少女的氣味哭泣——這就是《棉被》。

事實上在《棉被》發表的三年前，這段敘述實際發生在花袋身上，只是有些部分略去沒寫。美知代來到家中沒多久，花袋就因一九〇四年爆發的日俄戰爭，以記者身分從軍出征，美知代捎了無數書信給花袋，絕大多數堪稱情書。雖說花袋當時已屆「中年」，也不過三十四、五歲，收到小女生的愛慕信，多少會動搖吧。

可是等到花袋回國之後，美知代卻翻臉不認帳，當時她已有了叫做永代靜雄的男友。靜雄是個文藝青年，平時會在雜誌上投稿、徵募筆友，兩人因而相識，約在關西學院的基督教集會見面，於京都共度一夜春宵。花袋突然被晾在一旁，一定很悶吧。為了抒發心情，他寫下了《棉被》。由於書中未提及「美知代的信」，所以美知代的

1　發行於一九〇六～一九二〇年間的文藝雜誌。

2　太田玉茗（一八七一～一九二七），新體詩人、小說家。

強烈回應：「那只是為人師長的心情吧？」也沒寫進去。

話雖如此，花袋後來和發表《棉被》同年認識的藝妓飯田代子結為生涯愛侶，臨終時也是倒在代子家。

美知代一看到《棉被》就發現：「哎呀，這是我呀。」最後卻偕永代二度上京，請求花袋提攜關照，並與永代結婚。美知代本身小說寫得不錯，永代則是日本第一個翻譯《愛麗絲夢遊仙境》的人，不過兩人最後還是離婚了，花袋則死於昭和五年（一九三〇）。戰後，由和田芳惠[3]主筆的〈尋訪名作模特兒〉考察報導做到《棉被》那集時，永代接受採訪，抱怨自己在書中被寫成講關西腔的蠢男人。看來被寫進書中的當事者，多少懷抱著被害情感。補充，美知代的哥哥岡田實麿是英語學者，接任漱石在第一高等學校教英語。

許多人不知道，花袋後來寫了一部爭議之作〈某天早晨〉，故事裡，他趁夜強暴了美知代，雖說是虛構的，卻不曾被人正面拿出來評論。

附註，關於永代靜雄和美知代，目前分別有大西小生與廣島大學的有元伸子進行詳細考究。

*參考文獻

・小林一郎《田山花袋研究全十集》，櫻楓社，一九七六～一九八四
・大西小生《「愛麗絲物語」、「黑姬物語」及其相關軼事》，ネガ！スタジオ，二〇〇七

3 和田芳惠（一九〇六～一九七七），男性。小說家、編輯、樋口一葉研究專家。

有島武郎

Takeo Arishima

（一八七八～一九二三）

你們知道嗎？有島武郎其實是暢銷作家。的確，他與畫家弟弟有島生馬[1]、里見弴[2]等人一同參與了志賀直哉[3]等創辦的《白樺》雜誌，又在基督教作家身分的加持下，使他在眾人當中保有獨特的地位，除了發行單行本，友人足助素一[4]經營的叢文閣書店也替他出版了《有島武郎著作集》，銷量好得不得了。

有島家系出薩摩藩一族的北鄉家家臣，父親有島武事業有成，所以即便不是華族出身，他們都去學習院[5]上過課。四弟里見弴是外祖母山內家養子，里見弴為筆名。

武郎進入現在的北海道大學農學院就讀，經歷從軍入伍，三十歲時與陸軍中將神尾光臣的二女兒安子許下婚約、步入禮堂，生下三個兒子，長男即後來的演員森雅之[6]。與安子的夫妻生活難免有爭吵，不過安子在大正五年（一九一六）早早去世，武郎寫下獻給三名稚子的書信文〈給幼小的你〉，帥氣的長相使他博得女性讀者的淚水支持，與作家的名聲達到相輔相成之效，世間因而出現許多崇拜武郎的女粉絲。

父親死後，按照當時法律規定，北海道的農地等所有財產皆由武郎繼承。但武郎仿效托爾斯泰，解放農地給農民，放棄了土地財產，從此被批為社會主義者。

不久，曾任中央公論新社記者（指當時的編輯）的波多野秋子出現了，她是實業家、伊斯蘭教研究家波多野春房（烏峰）的太太，長得很美，靠丈夫的錢讀書畢業、當上記者，與武郎越走越近，兩人遂演變成偷情關係。

此事很快就被丈夫春房發現，秋子決意不再跟武郎見面，卻壓抑不住內心的思慕而踰矩。當時與人妻偷情會判通姦罪，春房叫來武郎，威脅他要報警，若不想坐牢就

---

1 有島生馬（一八八二～一九七四），作家、畫家，有島武郎之弟。
2 里見弴（一八八八～一九八三），本名山內英夫，小說家。一九五九年獲頒日本文化勳章。
3 志賀直哉（一八八三～一九七一），白樺派的代表人物，日本「小說之神」，代表作有《暗夜行路》、《和解》。
4 足助素一（一八七八～一九三〇），有島武郎在札幌農學校時期的同學、土曜會成員。
5 位於東京的知名私立貴族學校，涵納幼兒園到大學部，日本多數皇族都在此就讀。
6 森雅之（一九一一～一九七三），本名有島行光，男演員，演過溝口健二執導的《雨月物語》、黑澤明的《羅生門》等。

付錢了事。

大正十二年（一九二三）六月，武郎與秋子失蹤了。直到七月，人們才在輕井澤發現兩具殉情自殺的屍體。

親友了解之後同情武郎，責怪春房，但否定自殺行為的里見弴痛批武郎的天真，認為春房生氣是天經地義。里見後來寫下長篇小說《安城家的兄弟》，描述了發現武郎自殺，直至兩個月後關東大地震之後的種種。

永畑道子[7]所著的《華之亂》（一九八八）由深作欣二[8]拍成電影，劇情建立在武郎晚年曾和與謝野晶子[9]戀愛的假設之下，武郎由松田優作飾演，晶子由吉永小百合飾演，此部作品被譽為吉永最美的電影。當中雖有幻想的床戲，但一般認為晶子和武郎之間是清白的。

還有一個叫櫻井鈴子的人妻在武郎晚年以愛人身分自居、在他周遭轉來轉去、頻頻寫信給他，武郎和秋子殉情自殺後，鈴子發表了手記，說自己和武郎有肉體關係。里見以「落合光惠」為代稱，不懷好意地形容她，但她的身分應為石川縣出身的實業家、眾議院議員櫻井兵五郎之妻（佐渡谷重信《有島武郎評論傳》）。

話說回來，秋子自殺後，藝妓大隅麗（れい）子同情波多野春房的遭遇，與他結婚，這件事在當時被如此報導，不過根據大正十五年（一九二六）德田秋聲所寫的〈問〉來看，春房與麗子很久以前就有染，只是春房太有女人緣，麗子為愛傷神，宴廳老闆娘於心不忍，曾問融（德田秋聲）要不要娶麗子回家。但經過考察，麗子當時已經去世了——大概是這樣。

---

7 永畑道子（一九三〇～二〇一二），歷史學家、報導文學作家。

8 深作欣二（一九三〇～二〇〇三），導演、劇本家。風格強烈，屢獲《電影旬報》觀眾票選為「最受歡迎的導演」，代表作為《大逃殺》。

9 與謝野晶子（一八七八～一九四二），詩人、作家。作家田邊聖子讚譽「一千年才出現一次的天才」。

與謝野鐵幹
Tekkan Yosano

（一八七三～一九三五）

與謝野鐵幹（本名寛）的太太是與謝野晶子，不過，晶子是他第三任妻子。鐵幹與首任未正式登記的伴侶淺田信子分手後，跟名叫林瀧野的女子結婚。晶子小鐵幹五歲，是大阪堺市的富裕商人鳳家之女，名晶（しやう）。她與當地志同道合的夥伴從事短歌創作，似乎曾與一個叫河野鐵南的男人交往，但與好友山川登美子[1]受到大阪來的鐵幹提拔賞識之後，迅速墜入情網。當時是明治三十三年（一九〇〇），晶子二十二歲，鐵幹二十七歲。鐵幹創辦了《明星》[2]雜誌，在文學界闖出名堂。

同時，登美子與鐵幹也萌生戀情。登美子的長相看起來較文靜，但並非世人所謂的美女，晶子則在才華和氣勢勝出，三人維持著三角關係前往京都永觀堂賞楓，並在粟田山麓的辻野旅館三人共宿，此為相當有名的軼事。同年年末，登美子與家族裡的山川結婚，婚後維持原姓。

然而隔年，市面上出現一本叫《文壇照魔鏡》的奇書，扼要地列舉鐵幹將弟子收做愛人、出賣妻子等十數條罪名，中傷鐵幹。鐵幹懷疑寫下此書的匿名人士來自大阪文學界，即在《新聲》[3]擔任編輯的高須梅溪（本名芳次郎），告他名譽誹謗，但因未掌握梅溪書寫的證據而敗訴。

根據木村勳[4]所說，高須愛慕登美子，以為自己與登美子情投意合，想不到卻殺出鐵幹這個程咬金，憤而寫下此書。鐵幹因此與瀧野離婚，正式與晶子登記為夫婦。隨後晶子出版歌集《亂髮》，一躍成為文壇新星，之後氣勢如日中天，成就超越了鐵幹。登美子死得很早，鐵幹後來改掉舊名「寬」，參選眾議院，敗選之後留下晶子遠赴法國旅行。

然而，晶子受不了鐵幹不在身邊，隨即坐上西伯利亞鐵路前往法國與他破鏡重圓，此外還會見了羅丹[5]，兩人將後來生下的小孩取名為奧古斯特。

從結果來看，將《源氏物語》翻譯成白話文而在平安朝女流文學界享負盛名，並

---

1 山川登美子（一八七九～一九〇九），歌人。與謝野鐵幹稱她為「白百合君」。
2 發行於一九〇〇～一九〇八年間的浪漫派詩歌月刊雜誌。
3 發行於一九〇四～一八九六年間的文學雜誌。
4 木村勳（一九四三～），日本近代思想史學者。

藉由評論、小說等活躍於文壇的人成了晶子，鐵幹等於遭到了晶子的雙重去勢（不過兩人一共生了十一個小孩）。

因此，我都將夫婦同行但妻子較有成就的情形稱做「與謝野鐵幹情結」。話說回來，男人在婚後還被妻子「深深愛慕」似乎會感到相當「沉重」，猜測鐵幹與晶子成婚之後很少偷吃，大概是不敢恐懼以及來自「深深愛慕」的沉重壓力。所以我才會說，晶子等於「去勢」了鐵幹。

＊參考文獻

・渡邊淳一《你是雛罌粟，我也是雛罌粟》，文藝春秋，一九九六（後收入文庫〔小說〕）

・木村勳《鐵幹與文壇照魔鏡事件　山川美登子及「明星」異史》，國書刊行會，二〇一六

5 奧古斯特・羅丹（Auguste Rodin，一八四〇～一九一七），法國雕塑家。代表作有「沉思者」、「維克多・雨果像」等。

泉鏡花
Kyoka Izumi
（一八七三～一九三九）

泉鏡花，金澤人，本名鏡太郎。母親鈴生下弟妹不久，便在鏡太郎九歲時辭世。鏡花十八歲上京，欲拜尾崎紅葉為師卻提不起勇氣，裹足一年才登門，馬上被收為門生。

鏡花是偏近代的戀愛至上主義者，視父母安排的相親如敝屣，其思想也清楚反映在《婦系圖》[1]中。

鏡花沒上大學，花街柳巷才是他的戀愛戰場。他愛上與母親同名的藝妓阿鈴，隨即同居，但紅葉不認同學生與伶人交往。當時紅葉罹患胃癌，來日無多，還不忘把三十歲的鏡花叫到跟前，要他們分手。

1《婦系圖》為泉鏡花於一九〇七年發表的小說，內容描述在參謀總部擔任德文翻譯官的早瀨主稅與藝妓阿蔦之間的動人悲戀，多次改編為戲劇、電影而廣為人知，為日本新派戲劇代表。

鏡花只好先和阿鈴分居，等紅葉死後才娶她為妻。

鏡花不寫私小說，據說他唯獨把這段經歷寫進了《婦系圖》中。新派戲劇[2]有一段名場面：真砂町的老師要主人翁與藝妓分手，場景在湯島神社境內，臺詞為：「分手啊、了斷啊，是對藝妓說的話，面對真正的我時，不如叫我去死。」這幕〈湯島境內〉，是鏡花特別為了戲劇改寫的。

然而，即使戀情受阻，鏡花仍把老師紅葉當成神一般。紅葉死後，鏡花悉數繼承其華麗的浪漫主義，德田秋聲卻背叛紅葉，改信奉自然主義，鏡花與秋聲因此決裂。時序進入昭和之後，改造社[3]的山本實彥[4]欲編纂紅葉全集，試圖勸鏡花與秋聲和解，安排兩人會面長談，秋聲說：「紅葉老師就是吃太多甜食才會得胃癌。」鏡花大怒，直接跳過兩人相隔的火缽，狠狠揍了秋聲一頓。

山本急忙攙扶秋聲逃離現場，躲到常去的料亭，據說秋聲當時哭得很慘。後來，鏡花之弟——筆名取自「舍弟」諧音的泉斜汀[5]住進秋聲經營的公寓，在那裡去世，秋聲為他打點了一切，與鏡花就此和解……

總的來說，比起女人，鏡花似乎更愛紅葉。

2 始自一八八八年的日本戲劇流派，以明治時代出現的「壯士劇」、「書生劇」等現代劇為主，與「舊派」的歌舞伎做出區別。

3 日本書店、出版社。曾於大正至昭和中期出版綜合雜誌《改造》與《現代日本文學全集》等，現在僅經營書店業務。

4 山本實彥（一八八五～一九五二），記者、改造社社長、政治人物。

5 泉斜汀（一八八〇～一九三三），小說家，本名泉豐春，在兄長鏡花的指導下入紅葉門下。

樋口一葉

Ichiyo Higuchi

（一八七二～一八九六）

樋口一葉，本名夏子（なつ），父母是山梨縣人。夏子生於東京，長兄與父親相繼去世，家中雖有二哥在，卻不成依靠，夏子為了照顧母親與妹妹，不得不扛起家計。一葉在女子歌塾「萩之舍」學習過和歌與古典文學，當時塾生田邊（三宅）花圃[1]寫下紅極一時的小說《藪之鶯》，一葉見了，不禁萌生當小說家來養家餬口的念頭。然而，一葉寫的不是「藝術小說」，而是在報上連載的通俗小說。之後漱石、藤村[2]、長塚節[3]等人也在報上連載純文學類的藝術小說，不過在當時，報章小說仍屬通俗讀物，主題多描述女子的坎坷身世，內容近似《金色夜叉》[4]、《不如歸》[5]。

因此我們也可以說，一葉早期創作短篇，是在練習寫通俗小說。她在明治二十四年（一八九一），拜《朝日新聞》的連載小說家半井桃水[6]為師，一來是由於報章小說早期盛行於大阪，二來是當時尾崎紅葉還年輕，所以她才選擇了三十一歲的桃水吧。

一葉卒於明治二十九年（一八九六），得年二十四，在此之前的十四個月被譽為「奇蹟的十四個月」，她藉由短篇小說《比肩》一舉成名，在《目不醉草》[7]上獲得森鷗外、幸田露伴、齋藤綠雨[8]三人的聯合對談評論。同一時期，島崎藤村、北村透谷[9]、戶川秋骨[10]、平田禿木[11]等人創辦了同人誌《文學界》[12]，禿木和綠雨曾拜訪一葉；

1 田邊花圃（一八六九～一九四三），小說家、歌人、畫家，著作《藪之鶯》是明治時代第一本由女性所著的小說。三宅為夫姓。
2 島崎藤村（一八七二～一九四三），詩人、小說家，代表作有自然主義文學的《破戒》、《春》等。
3 長塚節（一八七九～一九一五），歌人、小說家。
4 尾崎紅葉的代表作，愛情小說，曾多次改編為電影和連續劇。
5 德富蘆花（一八六八～一九二七）的代表作，愛情小說，與《金色夜叉》並稱明治兩大暢銷作。
6 半井桃水（一八六一～一九二六），本名冽，小說家。
7 發行於一八九六～一九〇二年間的文藝雜誌，森鷗外主編。
8 齋藤綠雨（一八六八～一九〇四），本名賢，小說家、評論家。
9 北村透谷（一八六八～一八九四），詩人、評論家，浪漫主義作家。
10 戶川秋骨（一八七一～一九三九），本名明三，隨筆作家、評論家、英語學者、教育家、翻譯。
11 平田禿木（一八七三～一九四三），本名喜一，隨筆作家、英語學者、翻譯。
12 發行於一八九三～一八九八年間的浪漫主義文藝雜誌，不同於現在由文藝春秋出版的《文學界》雜誌。

近松秋江亦遠從岡山上京，想收一葉為徒，豈料抵達樋口家時，獲知她已在三天前病逝的消息，難掩失落。訃聞在死後三天才登上報紙，只能說世事難料。

總之，一葉是個美女，死後名氣依然不減，妹妹邦子招贅繼承樋口家，出版了全集。好，問題來了，究竟誰才是一葉的情人？因為她死得非常早，年僅二十四歲，所以也有人說她是處女。

一葉的日記收錄於明治末年出版的全集當中，而半井桃水活到大正末年，世人又是直到昭和才開始正式尋找一葉的情人，因此第一個被懷疑的對象就是桃水。隨後，直木獎作家和田芳惠主張一葉與桃水有染，並非處女，據說此言論激怒了視一葉如聖處女般景仰的久保田萬太郎，揚言不會再讓和田寫任何東西。早就死於舊時代的女性作家是不是處女，根本不重要，由此可看出久保田只是想阻止和田「散布謠言」。

當時，桃水是死了妻子的鰥夫，收了年輕女子為徒，世人說盡閒言閒語，桃水曾開玩笑表示：「一葉是女當家，我乾脆入贅算了。」想不到事情傳開了，桃水因此向一葉道歉，這些軼事悉數寫在日記中，看來一葉對桃水也不是完全沒意思。

齋藤綠雨喜愛嘲諷，曾說：「戀愛就是嘴上說得很美，手卻在做骯髒的事。」據說這裡指的並非性慾，而是以金錢為目的的婚姻。也有人看好戲地說，是綠雨迷戀一葉。嗯，說不定真是如此。

我在小說著作《美女作家死了兩次》（論創社）壞心地寫道：「一葉要是活得久一點，應該會變成平庸的報章小說家吧。」並在續集《中島敦殺人事件》（論創社）裡，透過身為女性學者的女主角之口判斷：「從〈濁江〉的字裡行間，我完全感受不到阿力身為女性的性慾，一葉大概是處女。」但也許是她在當時無法寫吧，誰知道呢？

北原白秋

Hakushu Kitahara

（一八八五～一九四二）

北原白秋，本名隆吉，在福岡縣筑後柳川長大，兒時被喚作「TONKA JOHN」，這在當地是「長男」的意思。白秋很早就展現作詩天賦，上京與《明星》的同人作家交流，不久後分道揚鑣。他在第一本詩集《邪宗門》發揚異國情趣，獲得極高評價，卻在明治四十三年（一九一〇）住青山時，同情隔壁受丈夫冷落的人妻松下俊子，終至不倫，並遭俊子的丈夫以通姦罪起訴，刑期雖不長，卻也吃足了兩星期牢飯。

白秋的入獄事件嚇壞了當時正與人妻通姦的谷崎潤一郎。灰心喪志的白秋甚至有意輕生，遷居三浦三崎後，聽從禪學家公田連太郎[1]的開導力圖振作，迎娶了遭休妻的俊子。

然而，俊子是名惡妻，甚至有點精神異常，兩人結婚一年多就告吹了。第二任妻子叫江口章子，嚮往文學，在大分縣與丈夫分手，上京拜師，起初想去叨擾平塚明子，但之後找上白秋，與他同居。白秋雖然在文壇享負盛名，卻為貧窮所苦，所幸弟弟鐵雄後來開了ARS[2]出版社，白秋的著作才得以出版。

大正七年（一九一八），白秋夫婦搬遷至小田原，谷崎住附近，兩家時常往來，章子也與谷崎夫婦相處甚歡。翌年蓋了洋房「木兔之家」。新房子拜地基主當日，弟弟鐵雄與旁人談及「是章子毀了白秋」，章子奪門而出，隨後卻與當天在場的雜誌記者池田林儀發生一夜情，再躲去谷崎家。白秋不肯放棄章子，與谷崎的友情宣告破裂，終至無法修復。章子似乎想和池田結婚，但池田說自己只是一時犯錯，然後就外派到柏林工作了，章子不得已，只得返鄉與柳原白蓮[3]攀關係。

江口章子是近代文學史上有名的女子，像她這樣自己寫不出東西、就算寫了也登不上大雅之堂，因為嚮往文學家而主動接近的女人，即使在現代依然存在。

後來，白秋終於在大正十年（一九二一）與正常的女子佐藤菊子開始第三次的婚姻，生下了長男隆太郎，迎來安定的生活。

---

1 公田連太郎（一八七四～一九六三），日本漢語學者，曾獲朝日文化獎。
2 拉丁語的「藝術」之意。
3 柳原白蓮（一八八五～一九六七），本名宮崎燁子，歌人，大正三美人之一，家世顯赫。

＊參考文獻

・北原東代《沉默的白秋　拜地基主事件全貌》，春秋社，二〇〇四
・瀨戶內晴美《過了這裡　白秋與三名妻子》，新潮社，一九八四（後收入文庫）
・末永文子《城島之雨　真說・江口章子的一生》，昭和出版，一九八一

近松秋江

Shuko Chikamatsu

（一八七六～一九四四）

近松秋江，本名德田丑太郎，岡山縣人，上京就讀東京專門學校（早稻田大學前身），畢業後相繼任職於《讀賣新聞》與《中央公論》雜誌，但是都做不久就離職了。隨後寫起文藝評論集《文壇瑣事》，起初使用的筆名是德田秋江，由於常和德田秋聲搞混，改以崇拜的近松門左衛門[1]的「近松」為姓。

秋江老家很有錢，他因此反覆過著窮困潦倒、告病還鄉，又再次上京追求理想的日子。之後與失婚女子大貫益（マス）同居，開了雜貨店，維持七年之久，後來疑似買春染上梅毒，又以關照為由，讓其他女人住進家裡，阿益氣不過，搞上一個叫岡田

1 近松門左衛門（一六五三～一七二五），江戶前期元祿三文豪之一，本名杉森信盛，人形淨琉璃、歌舞伎作家。

的住宿學生，離家出走。

秋江展開尋妻之旅，前往岡山找人，又聽聞阿益住在日光，翻遍日光所有旅館的住宿登記簿，確定阿益與岡田住在一起後，當場跑出旅館外掉眼淚。

據說秋江回到東京以後，馬上找了夏目漱石，說明事情的來龍去脈，漱石饒富興味地記了下來。接著秋江寫下成名作《給離別妻子的信》及續集《疑惑》，形式上是寫給阿益的信，但由於心儀的藝妓又被友人橫刀奪愛，落得連續書寫悲慘情史的下場。附帶一提，這名友人是同鄉的正宗白鳥[2]。戰後秋江去世，白鳥寫下《近松秋江　流浪之人》一書，內容指稱秋江好吃懶做，待在一家公司沒多久就辭職不幹，還說「不懂阿益那種氣色差的女人哪裡好」。

秋江起先志在撰寫政治圈的時事社論，揚言不想赤裸裸地書寫私生活，最後卻靠著這類讀物打響名號。

接下來，秋江似乎愛好淨琉璃[3]，常去關西遊玩，最初迷上大阪妓女東雲太夫，但在返回東京的期間，東雲被人贖身，去了臺灣。這件事也被寫成了小說。不僅如此，秋江在收到鎌倉某醫學博士之妾——「鎌倉之妾」的書迷信後，以此為契機暗通款曲，據說該女子曾為秋江生子，但很快夭折，兩人就此分手。

秋江在京都還有個常年往來的妓女叫金山太夫，本名前田志宇（志う），兩人是多年知交，奇怪的是，志宇同樣消失了，秋江找遍南山城一帶，得知志宇竟從感冒演變成精神病。秋江將金山太夫的故事寫成《黑髮》系列。補述，東雲太夫系列一開始也叫《黑髮》，很容易搞混。

這樣的生活持續到四十過半。也許他與摯友德田秋聲是一個樣，想獲得寫作的靈感才反覆著混亂的男女關係。大正十一年（一九二二），秋江四十六歲時，與指壓師豬瀨市（イチ）結婚，生下兩個女兒，創作主題轉為「為了孩子的愛」、「從戀到愛」等。秋江告別了亂七八糟的感情生活，著手撰寫《水野越前守》[4]等歷史小說。

豈料，妻子阿市因為秋江的女性關係而大發醋勁，情緒激動起來，連「老娘」這種粗魯的話都衝口而出。父親和兄長也聽信阿市說詞，以為阿市受虐而痛毆秋江，這段婚姻生活也過得相當悲慘。

---

2 正宗白鳥（一八七九～一九六二），本名忠夫，小說家、劇作家、文學評論家，曾任《讀賣新聞》記者。代表作有《寂寞》、《塵埃》等。

3 日本傳統說唱表演，以三味線伴奏演出。

4 水野越前守（一七九四～一八五一），即水野忠邦，江戶後期的大名、老中（官職名稱）、藩主。

秋江最後失明，在窮困潦倒中死於戰爭。白鳥說他「好吃懶做」，但他著作頗豐，從昭和三年（一九二八）到失明為止所寫的日記，雖因戰後大火付之一炬，不過看過的人都說他勤勉不懈。根據白鳥的記述，秋江大概是ADHD[5]吧。

＊參考文獻

・澤豐彥《近松秋江與「昭和」》，冬至書房，二〇一五

---

5 Attention Deficit Hyperactivity Disorder，注意力不足過動症。

折口信夫

Shinobu Orikuchi

（一八八七～一九五三）

折口信夫（筆名釋迢空）是同性戀者。明治、大正年間，薩摩人拿下政權，受到薩摩「若二世」制度[1]影響，男同志間的愛戀曾風靡一時，但多數人僅限青少年時期，長大成人後就愛上異性，而折口是不折不扣的男同志。

據說童話大師安徒生也是同性戀者，巖谷小波[2]赴德國留學時，聽聞此事，大受打擊。我倒覺得安徒生應該比較像是跨性別者。

1 薩摩即現在的鹿兒島西部，此地區自古盛行「男色文化」，專家學者認為，這與當地的青少年教育制度有關。薩摩領地劃分為上百個「外城」，「外城」又稱「鄉」，每個「鄉」設有青少年團體組成的「鄉中」。這些青少年以年齡細分為「稚兒」（成人式前，約六～十五歲）與「二才」（成人式後，約十四～二十五歲），「二才」負責教導「稚兒」劍術，擔起薩摩武士的養育之責，兩者關係親密。

2 巖谷小波（一八七〇～一九三三），本名季雄，作家、兒童文學家、俳人。

不知折口如何察覺自己的性傾向？總之，他年輕時曾經自殺未遂，難道與此有關？

傳聞中，折口與多位弟子有染。加藤守雄[3]在著作中揭露此事，說自己去折口家住宿的時候，夜間準備就寢，折口突然鑽進被褥：

「你知道住宿生們所說的『翻身』是什麼意思嗎？」

「不知道。」我在腦中反芻這句話，隱隱約約懂了一紙之隔的世界。就在此時，老師壓上我的身體，親了我的嘴。

我大叫著從地舖上跳起，頓時明白了至今不懂之事。老師為何來到我的寢間？為何挨近我的身體？為何提到額頭多麼冰涼？而「翻身」又所指何事？我忽然間全部想通了。

在那之後，加藤面對折口都戰戰兢兢。與折口老師談話時，柳田老師來了，把我喚去。

「加藤君，小心別成了雌雞喔。」他冷不防告訴我。雌雞這詭異的詞彙令我心頭一驚，折口老師走下土間[4]站著，臉色越發慘白。我垂下頭，好不容易才站在原地。

（略）

「柳田老師總愛欺負我。我重視的弟子，全被他奪走了。」他的聲音帶著哭腔。

當天夜裡，折口說：「同性戀不是變態。」又說：

「我聽不太懂柳田老師的話中之意，但師徒之間不走到那一步，就不算完整。如果只是單方面繼承師父的學說，會淪為功利主義。」

幾天後，折口說：「要不要聽我的勸？」從棉被上抱住加藤，「森蘭丸因為織田信長的寵愛而留名青史，你就當個受折口信夫寵愛的男子，留名青史不就得了？」如此威脅。加藤忍無可忍，留下書信，逃回故鄉愛知縣岡崎。折口二度追到老家，加藤

3 加藤守雄（一九一三～一九八九），日本文學研究學者。
4 傳統日式建築中，連接廚房、玄關等內部空間的土壤地。

都不肯見他。但說起來，加藤也是因為揭露此事才被人們記住，所以折口等於說對了一半。

折口終身未娶，曾收弟子藤井春洋[5]為養子，但他後來戰死了。想必春洋也是折口的愛人。

＊參考文獻

・加藤守雄《我的老師折口信夫》，文藝春秋，一九六七（後收於朝日文庫）

5 藤井（折口）春洋（一九〇七～一九四五），日本文學研究學者。

菊池寬
Kan Kikuchi

（一八八八～一九四八）

菊池寬出身於香川縣高松，因為地緣之便，從小看著金毘羅[1]的歌舞伎長大，對歌舞伎知之甚詳，不知是否因此成為同性戀[2]者。杉森久英[3]在《小說菊池寬》中引用書信，可知菊池在中學時期曾有肉體上的同性愛人。

菊池家境清寒，輾轉進入第一高等學校，在宿舍結識了芥川龍之介、久米正雄[4]等文學同好，此外也與名叫佐野文夫[5]的男性交往。佐野似乎有點精神異常，隨意借

1 位於日本香川縣琴平町的舊金毘羅大劇場。日本現存最古老的歌舞伎劇場，為國家重要文化財。
2 日本歌舞伎演員清一色為男性，原意是想杜絕遊女演出造成風氣敗壞。
3 杉森久英（一九一二～一九九七），小說家，擅長歷史題材，日劇《天皇的御廚》原著作者。
4 久米正雄（一八九一～一九五二），小說家、劇作家，和芥川龍之介為摯友，一起投入漱石門下。
5 佐野文夫（一八九二～一九三一），戰前日本共產黨幹部。

用他人的披風去和倉田百三[6]的妹妹約會，東窗事發後，菊池替佐野頂罪，遭到退舍處分，也連帶休學了。

教師當中有人了解實情，雖然眼看菊池進東大無望，仍安排他前往京大就讀。因此，當久米和芥川在東大創辦第四次《新思潮》[7]時，菊池必須遠從京都趕赴參加。

大學畢業後，菊池回到東京，擔任《時事新報》的記者，乖乖與父母安排的姑娘結婚。菊池曾造訪夏目漱石家，漱石形容他是「長得像鯊魚」的醜男。

撇開這些，菊池藉由脈絡與主題清晰的短篇作品在文壇闖出名號，連載於《大阪每日新聞》、《東京日日新聞》的《珍珠夫人》大受歡迎，創辦的《文藝春秋》雜誌也大獲成功，三十來歲就是傑出的作家及實業家，有「文壇大御所」之美譽。佐野文夫後來加入共產黨，精神似乎仍舊不正常，最後死在家鄉。

只要有錢就不缺女人，菊池擁有情婦。川端康成年輕時，大學曾留級一年，不想再讓親戚出學費而三餐不繼，曾替菊池代筆寫作。某天，他帶著寫好的稿子拜訪菊池家，夫人出來迎接、收下稿件，川端知道菊池另有情婦，不知該用什麼表情面對夫人——他在日記寫下此事。

昭和之後，廣津和郎[8]在《婦人公論》雜誌連載小說〈女侍〉，主角是服務生小夜子，登場的詩人求愛遭到小夜子拒絕。《婦人公論》在廣告中影射其為「文壇大御所」，菊池震怒，衝進中央公論社，與出來接待的社長嶋中雄作及《婦人公論》的主編福山秀賢爭論，由於情緒過於激動，順勢敲了站在旁邊的福山的頭，中央公論社氣到對菊池提出告訴，幸好廣津即時出面，雙方順利和解。當時，久米正雄對廣津說：「難怪你會惹怒菊池。菊池自認在其他方面都是贏家，唯獨女人讓他抬不起頭。」

話雖如此，進入文藝春秋的佐藤碧子可是絕世美女，她是菊池的愛人兼代筆作家。佐藤與文春派的川端康成也很要好，戰後替他代筆寫了《東京人》等作，後來嫁給了石井英之助（六興出版[9]社長），聽說菊池當時極力反對。

---

6 倉田百三（一八九一～一九四三），劇作家、評論家。

7《新思潮》原為小山內薰創刊的文藝雜誌，但很快就停刊，之後由帝大生以同人誌的方式持續活動。

8 廣津和郎（一八九一～一九六八），小說家、文藝評論家、翻譯。

9 一九四〇至一九九二年的日本中型出版社，旗下刊物《小說公園》為介於純文學與大眾文學間的雜誌。

倉田百三
Hyakuzo Kurata

（一八九一～一九四三）

倉田百三是廣島縣人，以劇本《出家及其弟子》成名，寫過《愛、認識與出發》等宗教、哲學評論，廣受年輕人喜愛，戰後直到一九七〇年代為止，著作都收錄於角川文庫中，現在已經很少人閱讀了。

百三的妹妹叫做豔子（一八九六～一九八八），就讀日本女子大學家政科，曾與菊池寬的同性愛人佐野文夫約會。據說因為這件事，百三帶著《出家及其弟子》投稿《新思潮》時，菊池懷恨在心，不予刊載。

百三雖然考進了第一高等學校，卻受信仰與性慾的問題所苦。當時，有人介紹他認識與豔子一樣就讀日本女子大學的同屆學生逸見久子，兩人擦出愛苗。然而，久子後來去了北海道，捎來訣別信，百三戀情受挫。大正二年（一九一三），百三罹患肺結核而休學，住進廣島的醫院療養，受到護士神田晴子的撫慰，稱之為「阿絹小姐」。

大正四年（一九一五），百三在京都一燈園[1]拜西田天香[2]為師，寫下《出家及其弟子》，主題雖然是親鸞[3]與善鸞父子，但親鸞的參考人物是天香。與其說他的思想源自淨土真宗，似乎更接近《歎異抄》[4]中基督教釋義融合近代戀愛思潮而成的自我流派。

百三起初與阿絹結婚，生下兒子地三，地三後來成為演員。大正六年（一九一七），岩波書店出版了《出家及其弟子》，百三一躍成名，逸見久子從北海道回來。大正九年（一九二〇），名叫伊吹山直子的女人於婚宴中逃婚，投奔百三的懷抱。兩個月後，百三與阿絹離婚，卻持續接受她的照料。這三名女性儼然都是百三的妻子，難怪世人批評他是「多妻主義」。大正十三年（一九二四），百三與直子再婚，直子隨即罹患精神疾病，兩人沒有實質上的夫婦生活。時序邁入昭和，百三飽受失眠、神經

1 明治末期由西田天香創設的懺悔公益團體。
2 西田天香（一八七二～一九六八），本名市太郎，宗教家、社會事業家、政治家。
3 親鸞（一一七三～一二六三），鎌倉時代僧侶，開創淨土真宗。淨土真宗為日本唯一可娶妻吃葷的佛教教派。
4 鎌倉時代後期的佛教書，世間普遍認為作者是親鸞的弟子唯圓。

衰弱等身心症所苦，拜訪提倡森田療法的森田正馬[5]，接受治療。阿絹則與演員薄田研二[6]結婚，改名高山晴子，生下演員高山象三。

此後，百三在政治上開始傾向右翼思想。昭和十一年（一九三六），他虛歲四十六，收到京都的十七歲少女本田芳子來信。芳子在百貨公司的漆器賣場工作，兩人遂成筆友，魚雁往返，戰後百三過世之後，這些信以《絕對之戀愛》為題出版，少女在書中以假名山本久子代稱，青木正美[7]在《讀作家的親筆信》（書之雜誌社，二〇一六）中公布了她的本名。大概是因為芳子已經去世，考量後才公開的吧。

百三在昭和十一年十二月寄出第一封信，報上自己的地址，要少女上京。芳子在隔年的新年期間上京與百三見面。百三很中意芳子，十月去京都找她，兩人在嵐山散步，此外，他也幫芳子批改習作。

昭和十三年（一九三八）四月，百三前往京都旅遊三日，期間與芳子去琵琶湖遊湖，兩人首次接吻。

「我的舌頭因為妳可愛、銳利的犬齒而品嚐到痛楚與甜蜜。」

「囓咬了我的舌頭的妳的犬齒，是如此小巧稚拙，真怕會承受不住。」

「我是真心想與妳處於『永久交尾』的狀態，但我連親吻都不會做。」

百三如此宣稱彼此是清白之交，卻在六月再度去找芳子，要求發生肉體關係，遭到拒絕。芳子坦言，自己和一名叫中田的文藝青年接吻了。百三暫且在信中寫下「我們就此分手吧」，卻附記說「歡迎妳隨時回來」。他一天大約寫三封信，以下摘錄：

「想來想去，妳我只能是夫妻。

妳是法之妻，直子是世之妻。正因為是聖愛，妳的存在對直子說不過去，直子的存在對妳也說不過去。妳們的容貌都是一般人的眼睛看不見的美，這點同樣不可思議。（略）

別忘了我倆已經成婚。（略）我倆至今「面對彼此」，已經「化為一體」了。我們的關係比情侶更深，超越了「世」也超越了「肉」。只要想到七日之死，就能忍下肉體上的距離吧。不是情侶，就不該發生肉體上的交合。

---

5 森田正馬（一八七四～一九三八），精神醫學家。森田療法又稱「禪療法」、「臥床療法」、「家庭療法」、「回歸社會療法」等，主治強迫症、焦慮症等。

6 薄田研二（一八九八～一九七二），本名高山德右衛門，設立苦樂座、劇團中藝、東京藝術座等劇團，為新劇運動的核心人物。

7 青木正美（一九三三～），男性。二手書店老闆、日本近代文學研究家。

七月二十二日的信，他在信封裡放入護身符袋並說：「請將妳的立約文放進此袋，發誓愛我、為我守身，與我一同精進清廉的文學性。若是破身，表示妳不惜被刺殺也執意要做。幾行就夠了。完成之後，請用小指頭的血捺印（一滴即可）。此外，請在這張紙片裡，放入一小撮（略）代表妳女性貞操、生長於最神聖部位的毛髮（對我來說，那是聖物）給我。」

百三似乎真的收到了「聖所的毛髮」。八月十五、十六日，兩人在比叡山的飯店幽會，他說：

「我如實收下妳身為女人的最後之物。」

「妳將已屆十九的尊貴處子獻給我了。」

百三在東京租屋，喚來芳子，想悄悄在此展開「新婚生活」。他於九月租下小石川公寓的一間房，等待芳子前來會合，卻臨時必須前往京都，發了電報「幾點 幾分 出發回東京 芳賀檀」，要她回電報。這應該是借用了當時在第三高等學校當教授的芳賀檀[8]的名義吧。那個時期，百三設立了右翼的「新日本文化會」，芳賀檀也是其中一員。

芳子離家出走，三天之後，家人來把她帶回去了，這件事寫在百三留下的書信中。百三寫道，今後會用「音羽真之助」的名義寄信，要芳子去郵局領信，但這就是最後一封信了。五年後，百三過世，享年五十二歲。不知芳子後來怎麼了，這些信應該是芳子退回給百三的，而芳子的信應該也還回去了。

二十世紀前半，一群知識青年試圖將宗教、哲學套用在戀愛——即性慾上，硬將它解釋為其他事物，尤其像倉田百三這種人，簡直可以拿冠軍了。現代或多或少也有這種年輕人，不過，隨著人們愈來愈能直接談論性慾，百三的讀者會消失並不奇怪。

話說回來，大江健三郎的《給懷念的年代的書信》中，也有以妹妹的陰毛做成護身符的劇情，他會不會是讀了《絕對之戀愛》，才想到要這麼寫呢？

＊參考文獻

• 倉田百三《絕對之戀愛》（一九五〇），角川文庫，一九五七

8　芳賀檀（一九〇三～一九九一），評論家、德國文學家。名字「檀」由訓讀發音，唸作「まゆみ」（mayumi），倉田百三在電報中使用音讀「ダン」（dan）來標記。

- 鈴木範久《倉田百三（增訂版）》，大明堂，一九八〇
- 渡邊利夫《神經衰弱的時代：我心中的森田正馬》，TBS不列顛百科全書，一九九六（後收於文春學藝library文庫）

久米正雄

Masao Kume

（一八九一～一九五二）

久米正雄誕生於長野縣上田的小學校長之家。不幸的是，小學發生火災，燒掉了天皇肖像，父親擔起責任自決，全家遷居至母親的娘家福島縣安積。外祖父曾與中條政恒[1]並肩開拓安積，孫女即中條百合子（之後的宮本百合子）[2]，所以正雄和百合子是青梅竹馬。

久米寫過〈考生手記〉，不過他成績優秀，未經考試就保送進入東大英文科。久米先以「三汀」之名打響俳人名號，大正三年（一九一四），參加第三次《新思潮》，創作〈牛乳店的兄弟〉躍為知名劇作家。這個時期，他和山本有三[3]（當時叫

1 中條政恒（一八四一～一九〇〇），幕末武士、開拓事業家，人稱「安積開拓之父」。

2 宮本百合子（一八九九～一九五一），小說家、評論家。十七歲便在文壇初試啼聲，日本民主主義文學代表、左翼運動家。

勇造）走得很近，還曾搶走山本仰慕的女演員。

大正四年（一九一五），久米隨好友芥川龍之介一同拜入夏目漱石門下，成為最後的弟子，隔年年末，漱石去世。此時中條家也遷至東京（中條的拼音也從「nakajou」改為「chuujou」），百合子的父親精一郎是當時非常有名的建築師。久米拜訪中條家，與相貌平庸卻聰敏且熱愛文學的百合子萌生淡淡情愫，但最後因百合子真的不美，戀情沒有開花結果。

久米在漱石的葬禮中幫忙時，愛上漱石的長女筆子。筆子雖然也稱不上美人，不過入贅漱石家便能藉由版稅過著衣食無虞的生活。然而，久米自己也其貌不揚，而且筆子似乎更中意他的朋友松岡讓[4]。久米找鏡子夫人商量，鏡子夫人要他先按兵不動。隨後，夏目家收到一封女子署名的誹謗信，中傷久米到處玩女人。事實上，這是山本要妻子寫的，鏡子夫人不受影響，反而站在久米這邊。不過漱石的弟子，如安倍能成[5]、阿部次郎[6]、小宮豐隆[7]等，都認為筆子應該嫁給學者，排斥寫小說的久米。他們說，如果是芥川就沒問題，但芥川當時已有婚約在身。

久米想介紹兄長給夏目家的人認識，卻總是陰錯陽差沒談成，加上他在小說中把筆子寫成「未婚妻」，觸怒了鏡子夫人，從此不得進出夏目家，婚事徹底破局。

筆子最後與松岡結婚。松岡在新潟淨土真宗的寺廟長大，本名善讓，原是寺廟繼承人，但本人無意繼承。久米簡直是漱石《心》中的寫照，沒有自殺，搖尾乞憐於菊池寬與芥川等文人夥伴之間，年末返回家鄉福島，隔年就耐不住寂寞回到東京。

久米向來打著入贅夏目家的如意算盤，沒有找工作，當然也沒有錢。當時在《時事新報》當記者的菊池認為穩固經濟才是上策，於是連載了久米的小說。此作品就是以久米與松岡的關係為基礎寫成的通俗小說《螢草》，十分叫座。

兩年後，菊池的《珍珠夫人》創下佳績，久米與菊池遂成純文學出身的大眾作家。大正十一年（一九二二），久米在《主婦之友》連載《破船》，內容描述自己與松岡的糾葛，隨後出版的單行本成為暢銷書。數年後，松岡也以同樣的題材寫下《憂鬱的愛人》，從自己的角度出發，寫出久米略過不提的事，但世人普遍同情久米的遭遇。

3 山本有三（一八八七～一九七四），劇作家、小說家，批判現實主義文本，影響了日本近代戲劇發展。
4 松岡讓（一八九一～一九六九），小說家。曾參與第三、四次《新思潮》創刊，與漱石之女筆子結婚。
5 安倍能成（一八八三～一九六六），哲學家、教育家、政治家。
6 阿部次郎（一八八三～一九五九），哲學家、美學家、作家。
7 小宮豐隆（一八八四～一九六六），德國文學學者、文藝評論家、戲劇評論家。

翌年，久米與新橋藝妓奧野豔子交往，婚禮在即，遇到關東大地震，豔子家被大火燒盡，眼看婚禮遙遙無期，幸好最後在身旁親友的協助下順利宴客。久米的哥哥是電力技師，前往北海道赴任，久米負責照顧母親。婚後，母親因腦溢血倒下，久米長年照料臥床的母親，相當辛苦。

豔子的妹妹與當時在文藝春秋的永井龍男[8]結婚。話說回來，久米嘴上嚷著「私小說才是純文學的精髓」，自己卻不寫私小說，大量生產通俗小說，賺進鈔票，蓄著討喜的鬍子，成為「當紅炸子雞」，文壇卻當他是小丑。

芥川自殺時，遺書的受信人是久米。在那之後，久米開始連載純文學私小說，但因介意妻子的感受而未能寫完付梓。久米似乎有過情婦，但他在小說裡絕口不提這一類的事。

戰後，久米成為鎌倉文庫[9]的社長，與松岡和解。當時作家去世三十年，著作即成公版書，眼看漱石的書版權到期，久米和松岡攜手與岩波書店對打，創立了夏目漱石獎，但只辦了一屆就成為絕響。菊池去世不久，久米也在六十歲時離世。

松岡將鏡子夫人說過的話集結成《漱石的回憶》，還寫了《敦煌物語》。長女是松岡陽子McClain[10]，四女末利子嫁給了半藤一利[11]。

＊參考文獻

・小谷野敦《久米正雄傳　微微苦笑之人》，中央公論新社，二〇一一

8 永井龍男（一九〇四～一九九〇），小說家、隨筆家、編輯。曾獲頒文化勳章。

9 由鎌倉文人在二戰末期創立的租書店，戰後擴設為文藝出版社，旗下曾發行多本刊物。

10 松岡陽子McClain（一九二四～二〇一一），美國文學學者、奧勒岡大學名譽教授，卒於美國。

11 半藤一利（一九三〇～），作家、學者，專攻昭和史。

芥川龍之介

Ryunosuke Akutagawa

（一八九二～一九二七）

芥川生於東京牛乳店新原家，由於生母不幸發瘋，過繼為舅舅芥川道章的養子。他課業優秀，以東大英文科第二名的成績畢業，最親近的友人是久米正雄，曾和菊池寬、成瀨正一[1]、松岡讓創辦第四次《新思潮》。晚期進入夏目漱石門下，以作家身分嶄露頭角。據說曾與久米相偕去吉原尋歡。

二十三歲的東大生芥川，愛上名叫吉田彌生的少女，後因芥川家反對而結束戀情，憂傷不已。

畢業後，芥川在海軍機關學校教英語維持生計，隨後進入《大阪每日新聞》工作。他也寫小說，但不像漱石那種長篇型作家，無法大幅改善生活水平。他在二十六歲時與塚本文結婚，這是輕率的戀愛結婚，在田端區舉行簡樸的結婚儀式，好友久米當時正心碎於漱石長女筆子，不克參加。不過妻子阿文常因缺乏文學素養而自卑，雖然芥川曾在信中說「沒有也無妨」；後來三島由紀夫也說「太太不懂文學比較好」，但我很懷疑真是如此嗎？

芥川早期引經據典作為創作題材，後期也寫了自述式的私小說，但是沒有一篇可稱為戀愛小說；此外，他也不像久米和菊池那樣大量創作劇本。

芥川的情人秀茂（しげ）子（一八九〇～一九七三）可見〈狂人之女〉與〈某個傻子的一生〉中的描述。結婚第二年，他在以岩野泡鳴[2]主辦的十日會[3]上，邂逅了帝國劇場電力技師秀文逸的妻子秀茂子，她是一位會寫短歌的文學婦人，個頭嬌小，臉蛋小巧端正，上唇噘起，芥川很欣賞她，請廣津和郎介紹。芥川與茂子開始幽會，然而，茂子是個偏好文人的蕩婦，與師出芥川的作家南部修太郎[4]也有一腿。看照片不覺得她是美女，倒像個淫蕩的女人。

---

1 成瀨正一（一八九二～一九三六），法國文學研究家，譯介諾貝爾文學獎得主羅曼・羅蘭（Romain Rolland）等作品。

2 岩野泡鳴（一八七三～一九二〇），本名美衛，小說家、詩人。

3 在岩野泡鳴宅邸主辦的文學沙龍。

4 南部修太郎（一八九二～一九三六），小說家。

茂子生下一名男孩，暗示這是芥川的孩子，使他痛苦萬分。畢竟通姦可要吃上刑事罪，北原白秋就曾為此入獄。據說茂子也勾引過廣津和郎。

可是，一旦開始了就像掉入漩渦，注定為此吃盡苦頭。最近學界盛行重新評價這些在作家身邊打轉的女性之於文學史上的地位，但經過分析之後，多數都是三流文學家。據說芥川與茂子的關係一直維持到大正十年（一九二一）。

接近芥川的女人，還有年長的歌人片山廣子（一八七八～一九五七），別名松村峰（みね）子，除了詩歌，也翻譯愛爾蘭文學。廣子已婚，比芥川大十四歲，丈夫片山貞次郎[5]去世後，四十六歲時與芥川相戀。芥川思念住新潟的廣子，留下了二十五首旋頭歌[6]〈越人〉，推測兩人沒有肉體關係。相較之下，弟子堀辰雄在〈神聖家族〉中，將芥川比作父親，廣子比作母親，廣子的女兒總子比作情人，他受到的影響似乎更大。

芥川有個短篇叫〈南京基督〉，由於他在大正十年去過中國，原以為這是他的寫作動機，查過後得知是去中國之前寫的。也就是說，芥川是看到谷崎潤一郎先去了中國，留下作品[7]，才仿照他寫了〈南京基督〉。谷崎發表〈哈薩．坎的妖術〉之後，芥川也以當中登場的虛構人物馬帝拉姆・米斯拉寫了〈魔術〉，諸如此類，可見芥川對谷崎崇拜之深。芥川是社會菁英，很在意世俗眼光，也難怪會憧憬人稱「惡魔派」、對外不加修飾的谷崎了。

芥川在自殺的昭和二年（一九二七），曾與谷崎爭論何謂「沒有脈絡的小說」。在此之前去大阪演講，在旅館與谷崎談話時，有個人妻找上門來，說自己是芥川的書迷。此人是根津松子[8]，不過比起芥川，谷崎更積極地想見她，他們一道走向舞池，谷崎猛邀松子跳舞，芥川完全被晾在一旁。

芥川自殺前，曾在遺書寫下「漠然的不安」，世間普遍認為是在預言軍國主義抬頭的戰後左翼思想，然而當時可是普羅文學的全盛期，這樣解釋太牽強了。芥川是因

---

5 片山貞次郎（一八七一～一九二〇），曾於大藏省、銀行任職，馬込文士村文化會館「大森俱樂部」發起人之一。
6 奈良時代的一種和歌形式，五七七的格式重複兩次，組成六句詩歌，由於會繞回第一句，故稱旋頭歌。
7 即谷崎潤一郎的旅遊紀行《秦淮之夜》。
8 根津松子（一九〇三～一九九一），谷崎潤一郎的第三任妻子、隨筆家。《細雪》裡幸子的原型。

為周身有許多事需要操煩，所以才會神經衰弱吧。

他的自殺分成兩個階段，第一階段是在帝國飯店，他準備與協助寫作的祕書平松麻素子殉情時，文夫人和畫家小穴隆一[9]等人即時趕到阻止。麻素子原是妻子憂心芥川自殺才安排的人手，與芥川沒有性關係，據說是個胸部很小的處女。事發之後，麻素子心生恐懼，知會相關人士後隨即逃跑。

這難道表示，秀茂子雖身材嬌小，卻是個大胸脯嗎？倘若芥川是因為自幼不得母愛才偏好大胸女子，說來也是挺教人感傷。

此外，據說芥川自殺時服用了巴比妥、異戊巴比妥等安眠藥物，但根據山崎光夫[10]在《竹林中的家》中所述，這樣死不了，推測芥川應該使用了氰化鉀等毒藥。此外，聽說秀茂子也出席了芥川的喪禮。

谷崎潤一郎以「心痛之人」悼念芥川，但也像在說，芥川欠缺了將女性經驗赤裸寫進小說裡的強韌。

*參考文獻

・松本清張《發掘昭和史Ⅰ》，文藝春秋新社，一九六五（後收於文春文庫）

9 小穴隆一（一八九四～一九六六），西洋畫家、隨筆家、俳人。

10 山崎光夫（一九四七～），作家、記者。以《竹林中的家：解開芥川自殺之謎》榮獲新田次郎文學獎。

第三章

明治年間出生Ⅱ

——日清戰爭前&長壽者（超過七十歲）

德田秋聲

Shusei Tokuda

（一八七一～一九四三）

秋聲本名末雄，金澤人，與泉鏡花、室生犀星[1]並稱金澤三文豪。師承尾崎紅葉，紅葉去世後轉而信奉自然主義，與承襲紅葉浪漫主義的鏡花反目成仇。但秋聲成為自然主義派的作家之後，仍寫了許多通俗小說以求溫飽，是個產量大的作家。

知名代表作有《足跡》、《粗暴》、《黴》、《爛》等，多為描寫社會底層女子淪為妓女或酒家女的陰鬱小說，世間評價「暖暖內含光」，擁有不少追隨者，如撰寫《德田秋聲傳》的野口富士男[2]，以及認為日本小說經典是紫式部、西鶴與秋聲的川端康成等人。

秋聲年輕時流連吉原，三十一歲聘了幫傭小澤幸（さち），其女阿濱（はま）開始出入住家，與秋聲成為實質上的夫妻，長男一穗誕生後，正式登記入戶。兩人一共生下四男三女，四男雅彥後來進入文藝春秋，曾任川端康成等人的責任編輯；次女喜代子與作家寺崎浩[3]結婚，寺崎在川端的《雪國》改編為戲劇時，負責撰寫劇本。

大正末年，一名叫山田順子（一九〇一～一九六一）的女人帶著厚重的小說原稿（據說有一千五百張）來訪，由於秋聲是《婦人之友》的遴選委員，順子想拜託他引薦出版。順子來自秋田縣，與東大畢業叫增川才吉的男子結婚，家住小樽，年紀才二十出頭。這份原稿無法順利出版，順子先回到小樽，隨後因丈夫破產而離婚，攀上了聚芳閣出版社[4]的社長足立欽一[5]，出版了小說《隨波逐流》，還邀請到秋聲、菊池寬等人撰寫序文，竹久夢二[6]承攬裝幀。順子因而迷上夢二，兩人曾經同居，但因夢二還有其他情婦，順子再次返鄉。大正十五年（一九二六），秋聲的妻子阿濱在四十

1　室生犀星（一八八九～一九六二），本名照道，詩人、小說家。

2　野口富士男（一九一一～一九九三），作家、文學研究家。曾發表長篇小說《風之系譜》，戰後致力研究德田秋聲。

3　寺崎浩（一九〇四～一九八〇），作家，師事橫光利一，曾與火野葦平等人創辦同人誌《街》。

4　存在於日本一九二〇年代的文藝出版社。

5　足立欽一（一八九三～一九五三），興趣是小說及劇本創作，拜德田秋聲為師，一九二四年創立聚芳閣出版社。

6　竹久夢二（一八八四～一九三四），本名茂次郎，日本最具代表性的美人畫家、詩人。

六歲時猝然離世，順子再訪秋聲，住進他家，遂成愛人，秋聲開始書寫〈給元之枝〉等「屬於順子」的私小說，報紙也視為八卦新聞，大肆報導。

在此要先提到一個叫勝本清一郎（一八九九～一九六七）的人，他是慶大畢業的青年，後來成為文藝評論家。而永井荷風的第二任妻子——以藤蔭靜枝的名義對舞蹈做出文化貢獻的藤間靜枝，與荷風離婚之後，成為勝本的情婦。儘管勝本比靜枝年長了二十歲，仍為她編寫舞蹈劇本，把兩人的關係寫進小說裡，發表於《三田文學》[7]。豈料，山田順子拋下秋聲，接近勝本；勝本也與靜枝分手，和順子好上了。但是，根據後來出版的《座談會明治文學史》[8]中的描述，勝本與柳田泉[9]原先扮演牛郎聆聽賓客談話，走到秋聲身邊時，秋聲硬將順子推給他，這是勝本本人的證詞，使得此事更顯弔詭。更別提在此之前，新聞報導過順子與慶大生井本威夫結婚的消息。

《變裝人物》（一九三五）是秋聲交代自己與山田順子關係的集大成之作。沒有任何一部小說能像這本書一樣，印證了文本論的無力，如果不知道小說背後的人物原型，根本不可能讀懂。同一時期，秋聲還擁有第二情人——宴廳老闆娘柘植蒼葉（そよ，三十三到三十五歲），她也在小說中登場。

秋聲去世後，山田順子在一九五四年自費出版《女弟子》；幾乎在同時，以同樣的書名，在Amatoria社[10]出版了內容更加赤裸的作品。

柘植蒼葉經營的宴廳叫「水際之家」，秋聲直到晚年皆固定來此。此外，他在昭和六年（一九三一）認識了白山的藝妓小林政子，直到晚年都與她保有關係。政子就是《縮圖》（一九四一）中銀子的參考人物。

據野口富士男所說，扣除妓女，與秋聲擁有性關係的女性一共有七人，分別是：妻子阿濱、順子、蒼葉、政子、大阪長洲家次女、《天涯海角》的女主角，以及〈題外話〉的參考人物清川糸（イト）。在《天涯海角》裡，兩人重逢後上床，女主角生下了一對雙胞胎。

對作家（男人）而言，與女人（男人）交往可以用作小說題材，川端康成的《雪國》就是很典型的例子。但是站在女人（男人）的立場，應該很想知道作家是出於真

7 日本耽美派代表性刊物，一九一〇年由永井荷風與慶應大學文學院教授發起，培育出許多唯美主義的詩人、作家。

8 一九六一年岩波書店出版，柳田泉、勝本清一郎、豬野謙二合編。

9 柳田泉（一八九四～一九六九），明治文學研究家、翻譯。

10 あまとりあ，於一九四九年起家的出版社，曾出版性科學解說書《Ars amatoria》，後併入久保書店。

心，還是純粹想找題材吧。很多時候，兩種感情似乎是密不可分。只是，秋聲的情形是專挑特種行業底層且相貌平庸的女子下手，令人難以稱羨。

＊參考文獻

- 野口富士男《德田秋聲傳》，筑摩書房，一九六五
- 同右《德田秋聲的文學》，筑摩書房，一九七九

島崎藤村
Toson Shimazaki

（一八七二～一九四三）

藤村——島崎春樹出生於信州馬籠的大戶人家，但馬籠在近年被編入岐阜縣，因此資料上變成岐阜縣出身，令長野縣人相當頭疼。畢竟在藤村出生的年代，馬籠隸屬筑摩縣，後來很長一段時間都屬於長野縣。

藤村的父親信奉平田篤胤[1]的國學[2]，四男春樹自幼前往東京求學，就讀明治學院，與北村透谷、戶川秋骨、平田禿木等《文學界》青年交流，蒙受透谷的戀愛思想。二十歲時，在明治女子學院擔任英語老師，愛上學生佐藤輔子，痛苦不已，為此辭去教職、四處流浪，甚至考慮自殺。這段期間，輔子結婚，搬去札幌，年紀輕輕就病死了。

1 平田篤胤（一七七六～一八四三），日本國學四大師之一。宗教家、思想家、醫師。
2 江戶時代的民間學術，有別於幕府提倡的朱子學與蘭學。

接著，藤村在仙台東北學院的小諸義塾[3]教書，娶了秦冬子[4]為妻，生下多名子女。三十三歲上東京撰寫《破戒》，努力籌錢想要出版，三個女兒卻相繼病死，他在小說《家》中，描寫了當時的情形。

在這段艱苦的時期，大哥秀雄的長女伊佐（いさ）子過來幫忙，藤村竟在太太冬子回函館省親時，克制不住衝動握了伊佐子的手。三十八歲那年，冬子產下四女，猝然離世，二哥廣助派長女久子與次女駒（こま）子前來幫忙。而伊佐子後來嫁入西丸家，生下了知名的精神病理學家三兄弟：西丸四方、島崎敏樹與西丸震哉。

隨著姊姊久子出嫁，島崎家只剩下藤村與駒子，孤男寡女共處一室，藤村再次失守，與駒子發生男女之情，還讓她懷孕了。大正二年（一九一三），藤村四十一歲，將至今自費出版的著作權賣給新潮社，拿這筆錢逃去法國。他從香港寫信給二哥廣助，和盤托出事由。駒子生下的男孩最後由二哥領養，此事就此被壓下。

三年後，藤村回國，再次與駒子越界，並在兩年後——即大正七年（一九一八），於《東京朝日新聞》連載長篇小說《新生》，自曝搞大姪女肚子的醜事。友人田山花袋讀了之後，深怕藤村如書中的描述自殺，趕至他家。藤村並沒有自殺，但二哥廣助得知後大發雷霆，與藤村恩斷義絕，駒子則被送去臺灣跟大哥秀雄一起住。

之後，藤村與加藤靜子[5]再婚、廝守終身；駒子的後半生卻很辛苦，隔年隨秀雄自臺灣返國之後，住進羽仁元子[6]家當廚娘，過著顛沛流離的一生。昭和十二年（一九三七），駒子年過四十，貧病交加，被社福機構收容，此事上了報，藤村飽受責難。當時藤村已經六十五歲，是新設帝國藝術院的會員候選人，因為醜聞而回拒（三年後再次受到提名，接受邀請）。

在渾然不知實情下閱讀《新生》，人們大多會訝異「這男人怎麼搞的」。昭和二年（一九二七），芥川龍之介自殺時，在遺稿〈某個傻子的一生〉中寫道：「我不曾見過比《新生》的主角更老奸巨猾的偽善者。」多數人認為這是指藤村的《新生》。藤村曾針對此事寫道：「假設芥川指的《新生》是我的《新生》……」然而，這段描述穿插於盧梭與維永[7]之間，所以芥川應該是在說但丁的《新生》吧。但丁年少時，

---

3 位於長野縣小諸町的私塾，後改為舊制中學校。
4 秦冬子（一八七八～一九一〇），函館批發商秦慶治的三女，與島崎藤村生下七個小孩。
5 加藤靜子（一八九六～一九七三），隨筆家。參加島崎發起的女性啟蒙雜誌《處女地》，與之相識結婚。
6 羽仁もと子（一八七三～一九五七），日本第一位女記者，自由學園創校人，此外也是日本記帳簿的發明者。
7 François Villon（一四三一～一四七四），法國詩人，代表作為《小遺言集》與《大遺言集》。

在街角遇見貝緹麗彩，口口聲聲說墜入愛河，最後卻和其他女人結婚，在詩集裡歌頌對貝緹麗彩的愛。再說，藤村到底哪裡像「老奸巨猾的偽善者」？他非但不偽善，還冒著被社會唾棄的風險，道出了自己的罪行。

藤村在《某個女人的生涯》裡描寫了發狂死去的姊姊，人們認定島崎家流著淫蕩與瘋狂的血液。藤村的外甥——前面提到的西丸四方、島崎敏樹等，後來雖然成為精神病理學家，但四方在著作中揭露了藤村母親曾與丈夫以外的男人通姦的實情；父親則如同藤村在《黎明前》中的描述，最後發狂，死在和室禁閉室內。

駒子後來與社運人士長谷川博結婚，死於一九七九年，沒人知道她與藤村生下的小孩最後怎麼樣了。

＊參考文獻

・梅本浩志《島崎駒子的「黎明前」：性愛、瘋狂、革命》，社會評論社，二〇〇三

・伊東一夫《藤村身邊的女性們》，國書刊行會，一九九八

・西丸四方《島崎藤村的祕密》，有信堂，一九六六

柳田國男

Kunio Yanagita

（一八七五～一九六二）

我從以前就討厭柳田國男。並不是由愛生恨，而是本來就對他沒有多大興趣，因為世上有不少人在捧他，我才勉強讀了幾本，覺得很無聊。可是，大家都說他的書很好看。例如上野千鶴子[1]就對柳田的《明治大正史　世相篇》中〈戀愛技術的消長〉讚譽有加，還有大塚英志[2]以柳田批評多年知交田山花袋寫的《棉被》為例，抨擊私小說，我知道之後，對柳田這個人愈來愈沒有好感。

柳田誕生於知名的松岡家[3]，弟弟是畫家松岡映丘，柳田自東大畢業後，進入農

1 上野千鶴子（一九四八～），社會學家、女性主義者。

2 大塚英志（一九五八～），評論家、民俗學者、小說家、編輯。

3 國男的父親為松岡賢次，後改名松岡操（一八三二～一八九六），日本儒學者、醫師。以柳田國男為首的「松岡五兄弟」，在文學、醫學、民俗學、藝術等領域各有成就。

商務省當官，首創經世濟民的民俗學，留下大量著作。

就讀一高時期的「松岡國男」，是一個與大他四歲的花袋以兄弟相稱的新體詩詩人。據說國男當時愛上千葉縣布佐（現在的我孫子市）的少女，寫下為數不少的新體詩，與花袋、獨步等人在明治三十年（一八九七）一起出版詩集《抒情詩》。花袋將該名少女寫進了隨後發表的小說《野花》（一九〇一）裡；一九九一年，《田山花袋寫給柳田國男的書簡集》問世，證實此事。

根據岡谷公二[4]的說法，柳田愛上的少女是自幼喪母的伊勢稻（いね）子，家中經營魚攤，柳田戀愛時，她才十五歲，十八歲時染上結核病去世。

《野花》裡還有一個女人深深愛慕主角，一度論及婚嫁，最後卻被主角狠狠甩掉。岡谷推測是松岡家（淩雲堂醫院）隔壁戶的松島蝶子。據說國男年輕時膚色白皙，是個美青年。

轉捩點發生在國男自東大畢業、入贅柳田家之後，開始極力隱瞞年少輕狂的戀情，批評花袋不該拿他作為創作藍本。筑摩書房出版的《修訂版柳田國男集》並未收錄他早期寫的新體詩，這些詩最後收進了筑摩文庫的《柳田國男全集》。柳田對文學則採取冷漠的態度，嚴禁弟子讀小說，對同時代的日本文學不聞不問。他曾與泉鏡花聊過鬼故事，卻絕口不提戀愛。「新潮日本文學選集」系列叢書收錄了柳田、折口信夫與南方熊楠[5]等人的作品，折口本身是小說、短歌雙棲，有他並不奇怪，我才無法理解裡面怎麼會有柳田國男。

我就直說了吧，〈戀愛技術的消長〉是否定近代戀愛觀的論述。民俗學多半有美化封建體制的傾向，這與封建農村裡的「若者宿」與「娘宿」[6]等加速性方面成熟的制度有關。由此開始的一九八〇至九〇年間，是民俗學與社會學當道的年代，「夜訪婚」制度甚至受到讚揚，明明多數情形都接近強姦了。從這個觀點來看，〈戀愛技術的消長〉是以戀愛為恥的柳田留下的負面遺產。

總之大概就是這樣，知道柳田與文學、戀愛劃清界線之後，我就愈來愈討厭他了。

---

4 岡谷公二（一九二九～），法國文學、藝術研究家。

5 南方熊楠（一八六七～一九四一），博物學者、生物學者、民俗學者。

6 民俗學用語。「若者宿」指村落中的年輕人合宿、集會、工作、交流的地方；「娘宿」則是待嫁女性合宿、學習茶道、花道、裁縫等的地方。由於年輕人密集交流，加上實行「夜訪婚」制度，使得當時呈現性開放的風氣。

＊參考文獻

・岡谷公二《詩人之死　柳田國男的戀愛與學問》，新潮社，一九九六

永井荷風

Kafu Nagai

（一八七九～一九五九）

荷風——永井壯吉是個玩遍花街柳巷，與多位藝妓、娼妓相好，最後孤單終老的文學家，「妻管嚴」的男人們看著他，總懷抱著三分憧憬。

荷風的父親永井禾原（久一郎）是漢語詩人兼實業家，長男壯吉（荷風）繼承了足以吃喝玩樂一輩子的遺產，無須寫小說以求溫飽。國外稱這種吃老本或靠遺產生活的人為「Rentier」，角川春樹事務所更推出叫做《Rentier》的雜誌（現為宣傳刊物），想必許多男人對這種生活心神嚮往。

荷風沒讀大學，曾經想當落語[1]師，還為了當狂言[2]作家（編寫歌舞伎腳本）加

1　落語為日本傳統說書表演，由單人坐在舞臺上，搭配肢體動作與傳統音樂，道出引人發噱的民間故事。

2　狂言屬能劇的一環，穿插在能劇之間串場，運用大量民間俚語演出即興喜劇。

入歌舞伎座，同時流連吉原縱情尋歡，當過報社記者，也寫過小說。

二十四歲時，父親有意栽培兒子成為銀行家，送他到美國留學。荷風在密西根州的卡拉馬朱學院上課，同時在大使館工作，過著漂泊海外的生活，交了一個叫伊蒂絲的美國情人之後，又想去當時是人文匯萃之地的法國看看。他花了兩年的時間，在父親的幫助下調任法國銀行工作，沒多久又耐不住性子，在即將三十歲之際，結束為期五年的歐美生活回到日本，出版《美利堅物語》，提升了自己在文化圈的知名度。

荷風接著想出版《法蘭西物語》，卻因內容涉及性愛描寫，禁止發行。同年，荷風與新橋板新道的藝妓富松（吉野幸〔コウ〕）相好。翌年明治四十三年（一九一〇），慶應義塾大學有意改革文學院，延攬三十一歲的荷風當教授，負責編輯《三田文學》。慶應的人交代：「不能輸給早稻田，加油喔。」[3]荷風暗忖「此人簡直把文學當成了棒球」，嗤之以鼻。同年，谷崎潤一郎在文壇嶄露頭角，荷風大力讚揚他的〈刺青〉，谷崎亦受荷風所啟蒙。同年秋天，荷風與新橋藝妓巴家八重次（金子彌依〔ヤイ〕）相好，富松則由有錢人家的老爺給贖走了。

明治四十五年（大正元年，一九一二）九月，荷風與齋藤米（ヨネ）結婚，阿米是木材行的大家閨秀，荷風遵從父意結婚，婚後仍視八重次為妾。豈料隔年一月，父親猝然離世，荷風旋即離婚，於大正三年（一九一四）舉辦婚宴，迎娶金子彌依。弟弟威三郎對此深表不滿，荷風遂成親戚朋友們的拒絕往來戶。

豈料隔年，荷風再度與彌依離婚。彌依隨後以「舞蹈家藤間靜枝」打響名號，大正末期，與小她許多歲的慶大生勝本清一郎交往，舉辦了由勝本編劇的舞蹈表演會。

荷風一生僅結過兩次婚，大正五年（一九一六）辭去慶大教職，遠離塵世，與井上啞啞[4]等臭味相投的怪人走在一起，寫下以藝妓為主角的小說《爭風較勁》，當中甚至有藝妓在溫泉混浴，錯把新婚夫妻中的丈夫認作自己的老爺，為其口交的場景。

荷風住進位於麻布的奇妙建築「偏奇館」，日記《斷腸亭日乘》直到死前筆耕不輟。短篇作品〈雨瀟瀟〉是描寫荷風單身生活的秀逸之作，但據說谷崎讀了之後，為其孤單的生活不寒而慄。崇拜女性的谷崎曾說，無法理解荷風視女性為玩物的思考作風。

昭和二年（一九二七）年起的六年間，荷風與三番町的藝妓壽壽龍（關根歌）相好，寫下《梅雨時節》。年過五旬之後，他又邂逅了玉井的下層妓女「阿雪」，在

---

3 慶應的《三田文學》與崇尚自然主義的《早稻田文學》為對立刊物。

4 井上啞啞（一八七八～一九二三），本名井上精一，俳人、小說家。

《朝日新聞》連載《濹東綺譚》。

新藤兼人[5]執導的電影《濹東綺譚》就是改編自荷風的原著，刻畫了荷風晚年的風景。墨田雪很漂亮，是我喜歡的類型，但她最後也消失了。

昭和二十年（一九四五）發生東京大空襲，偏奇館燒燬，荷風疏散至岡山，拜訪了到津山避難的谷崎，並在八月十五日終戰上午十一時與谷崎告別，搭上火車。

戰後，荷風搬到市川居住，日後獲頒文化勳章。人們在昭和三十四年（一九五九）發現他死於自家，享年八十歲。

＊參考文獻

・秋庭太郎《永井荷風傳》，春陽堂書店，一九七六

5 新藤兼人（一九一二～二〇一二），電影導演、編劇。代表作為《愛妻的故事》、《裸島》、《裸的十九歲》等。

齋藤茂吉

Mokichi Saitō

（一八八二～一九五三）

齋藤茂吉堪稱近代日本最偉大的歌人。他來自山形縣，東大醫學院畢業後成為精神科醫師，入贅位於青山的青山腦科醫院，與醫院千金輝子（一八九五～一九八四）成婚。輝子小他十三歲，結婚時茂吉三十二歲，輝子十九歲，夫妻生下的長男是齋藤茂太[1]，次子是作家北杜夫[2]。茂吉為萬葉調[3]極具代表的歌人，晚年從事柿本人麿[4]的研究，功不可沒。中野重治[5]曾在《齋藤茂吉筆記》指出茂吉的短歌具有色情感，

1 齋藤茂太（一九一六～二〇〇六），精神科醫師、隨筆家。

2 北杜夫（一九二七～二〇一一），本名齋藤宗吉，精神科醫師、醫學博士、小說家、散文家。

3 指具有《萬葉集》特徵的歌風、歌調。

4 柿本人麿（六六〇～七二四），飛鳥時代的歌人，名字亦寫成「麻呂」，與山部赤人合稱「歌聖」，「三十六歌仙」的其中一人。

這本書值得一讀。

大正十一年（一九二二）算起的兩年間，茂吉前往維也納深造精神病理學，拿下博士學位，求學期間，亦不忘在奧地利與當地女子遊玩。茂吉四十歲時，結識了名叫前田茂三郎、深諳德語的二十三歲年輕人，兩人勤於通信；此一時期，茂吉樂於尋找咖啡廳的女服務生、女傭等社會底層女子性交，寫給茂三郎的信上，描述了他對交往中的女人「棄械投降」等私密內容（青木正美《讀作家的親筆信》）。

昭和八年（一九三三）爆發了「舞廳事件（不良華族事件）」，警方在東京的佛羅里達舞廳查獲華族夫人進行不正當的異性交遊，當中包括了茂吉的妻子輝子。輝子當時三十八歲。

而世人熟知的茂吉的中年之戀，發生於昭和九年（一九三四）。茂吉五十二歲那年九月，參加了在向島舉行的子規[6]忌歌會，打從永井愡（ふさ）子（一九〇九～一九九三）初次露臉，茂吉便一見傾心。愡子當時二十五歲，松山人，已有婚約在身，可是茂吉顧不得這些，寫了許多火熱的情書給她：

愡子小姐是如花似玉的處子，美麗、純粹、透明。（略）東京那些傢伙正是看上這份純粹，才會說：「您若在談青澀的戀愛，現在大家都是朋友了，但說無妨，如此一來，便能助您一臂之力。」您要是不小心說了可就慘了。沒有人真的為您的戀情操心，大家都是看熱鬧，假借同情惡作劇、欺侮您啊。只有我這老頭子看得出來。

惣子到伊豆投靠姊姊，接著住到了東京澀谷，與茂吉發生肉體關係。

惣子小姐！惣子小姐的肉體為何如此曼妙呢？筆墨難以形容您肉體之美妙。請務必愛惜玉體，萬萬不可勉強。我想好好珍惜美玉。惣子小姐為何如此美妙呢？

弟子們早就發現這場戀情，而齋藤家的人直到一九六三年，惣子在《女性seven》[7]發表手記〈為悲傷的愛之記憶而活〉，以及在《小說中央公論》刊出總計一百二十二封書信之後才驚覺此事。惣子一生未嫁，於九三年的六月八日辭世，享年八十四歲。

---

5 中野重治（一九〇二～一九七九），小說家、詩人、評論家、政治家。

6 正岡子規（一八六七～一九〇二），俳人、歌人、作家，明治文學宗匠，於三十四歲病逝。

7 小學館於一九六三年創刊至今的女性週刊雜誌。

＊參考文獻

・北杜夫《茂吉徬徨》，岩波書店，一九九六（後收於現代文庫）
・永井愡子《齋藤茂吉捎來的情書》，求龍堂，一九八一

川田順
Jun Kawada

（一八八二～一九六六）

他是「遲暮之戀」的代表人物，誕生於漢學者川田甕江（一八三〇～九六）之家，東大法學院畢業，曾任職住友總公司，一方面是傑出的社會菁英，一方面拜佐佐木信綱[1]為師，創作短歌。

川田是古典短歌研究的第一把交椅，曾經指導皇太子作歌，是極具分量的企業型文學家，家住京都，每當文人去關西演講，總會叨擾川田家。昭和十一年（一九三六），川田離開住友；昭和十六年（一九四一），妻子和子去世，成為鰥夫，其後與短歌弟子——京都帝大經濟學院教授中川與之助（一八九四～一九六八）之妻俊子（一九〇九～二〇〇八）發生婚外情。

1 佐佐木信綱（一八七二～一九六三），歌人、日本文學研究學者，為正三位勳六等文學博士。

俊子舊姓鈴鹿，十七歲便與中川結婚，生下二女一男。此外，川田還有個叫周雄的養子（後成為京大教養課程的英語教授）。俊子在昭和十九年（一九四四）入川田門下，二戰過後，中川因為做過納粹經濟研究遭革除公職，辭去京大教職，其間，俊子與川田展開熱戀。昭和二十三年（一九四八）八月，俊子與中川離婚，回到老家，本想與川田結婚，然而川田苦惱至極，寄出遺書與歌稿給友人谷崎潤一郎、新村出[2]與富田碎花[3]，十二月三日離家，投身寺院岡崎真如堂，企圖自殺，千鈞一髮之際被周雄發現。川田詩中的一節「一腳踏進棺材的遲暮之戀我無所畏懼」，「遲暮之戀」因而成為此事件的標題。當時川田六十六歲，俊子三十九歲。據說「遲暮之戀」這個標題，是由此時任職產經新聞記者的福田定一（司馬遼太郎）發想的。

身在熱海的谷崎看到報導後，拍出電報：「月中即返，勇氣與你同在。」富田在十一月二十九日收到川田的電報；十二月一日收到明信片；二日收到信件與看似遺囑的書信，當日即奔赴川田家，川田透過家人轉達正在屋裡讀莎士比亞，不想見任何人。不過按照文獻，川田早在十一月三十日離家，此段有待查證。

此事爆發的前一年，川田曾陪同谷崎、新村與吉井勇參見天皇。俊子離婚當時，吉井曾去信谷崎，說他去探望了川田，兩人有談話，川田不致如太宰那般走上絕路，只是有點固執己見。同年六月，太宰治剛殉情自殺。

以下是中川與之助回答記者的話：

「川田氏明知她是家中育有多名子女的母親，卻從去年夏天起不斷作歌彰顯自我，出盡各種花招，誘騙我的妻子，我早就知道了。這段期間，妻子多次對我為先前的錯誤道歉，可川田氏的勾引愈演愈烈，心智不堅的她完全被攻陷。倘若他們結婚對得起良心，那就隨他們去吧。」（《朝日新聞》）

總之，川田與俊子結了婚，居住在神奈川縣國府津。中川扶養三個小孩，去島根大學當教授，出版了《苦惱的靈魂日記》。中川屬右翼人士，在書中寫道：「戰後社會價值觀崩壞，造就了這場悲劇。」書末收錄了甫出嫁的長女——四方真生子的文章。真生子的先生四方，畢業於京大經濟學院，是中川的學生，也是一名實業家，但

2　新村出（一八七六～一九六七），語言學者、文獻學者。

3　富田碎花（一八九〇～一九八四），詩人、歌人，作品受石川啄木影響，活躍於大正時期文壇。

似乎五十多歲就去世了。長男尚之生於昭和十年（一九三五），著有《決斷　阪神大地震・某受災企業的七百二十日》（商業社，一九九七），慶大法學院畢業後，曾任日本電視臺記者，之後任職於住友橡膠工業。由總務課長、宣傳部長、總務部長的經歷來看，早瀨圭一[4]在著作中以英文字母「N」代稱的人物就是他，但「尚之」的讀音不該是「naoyuki」，是「takayuki」才對。

中川與一名女醫師再婚，在島根大學教書到退休，曾任甲南大學教授、經濟學院院長等職務，於昭和三十一年（一九五六）年末中風倒下，從此過著坐輪椅的生活。女醫師請來人手增田冬子，協助照料中川的生活起居。中川與女醫師離婚之後，改娶冬子為妻，搬至城崎做溫泉療養，冬子每天帶他去泡溫泉，耐心替他按摩，鞠躬盡瘁地悉心照護。中川在昭和四十三年（一九六八）逝世，冬子三十八歲守寡，在甲南大學教員的協助之下，繼續留在城崎溫泉工作（早瀨圭一《愛過的時候　淑女履歷表》）。

川田年輕時，曾與德川慶喜之女國子談戀愛。國子嫁給大河內子爵之後，兩人的關係遊走於婚外情邊緣。川田順自殺未遂事件發生時，新村出之所以無法原諒川田的作為，是因為新村的初戀情人德川國子，跟川田有過一段情。據說川田娶了和子夫人以後，仍與國子保持曖昧關係。川田的自傳也取名叫《葵之女》[5]。

一九九四年，辻井喬——即堤清二[6]以此事件作為題材，寫下長篇小說《虹之岬》，榮獲谷崎潤一郎獎，但遴選委員丸谷才一[7]暗地裡諷刺他小說技法不成熟。辻井可能是基於川田實業家兼文學家的身分才關注他，因為辻井自己也是Saison Group[8]的活躍人物，文學實力備受質疑。尤其此時當事者鈴鹿俊子還活著。九九年，三國連太郎[9]與原田美枝子[10]主演《虹之岬》電影版，討論並不熱烈，大概是因為川田順早已被世人遺忘。

小說與電影裡，皆有川田以剃刀刎頸的場面，不過當時的報導皆未提及。中川只寫自己做出「近似自殺的行為」，用頭撞擊亡妻和子的墓碑而已，這應該算不上自殺

4 早瀨圭一（一九三七～），記者、報導文學作家。
5 德川宅邸位於靜岡市葵區。
6 堤清二（一九二七～二〇一三），筆名辻井喬，實業家、小說家、詩人。
7 丸谷才一（一九二五～二〇一二），小說家、文藝評論家，代表作為《假聲低唱君之代》。
8 日本過去最大的物流公司，以西武百貨為中心。
9 三國連太郎（一九二三～二〇一三），電影演員、隨筆家，曾飾演宮本武藏。
10 原田美枝子（一九五八～），也稱原田三枝子，演員、電影製作人。

未遂吧。

總而言之，川田在「自殺事件」中，寄了疑似遺書的書信給友人，最後根本沒自殺就被找到，像極了一場狂言演出。川田是社會上有頭有臉的人物，吉井與中川也認為，川田不像單純會因為苦惱而尋短的人，或許是下意識想博取世人同情吧。

＊參考文獻

・《從朝日新聞一〇〇年的記事看戀愛與結婚》，朝日新聞社，一九七九
・川田順《葵之女　川田順自傳》，講談社，一九五九
・鈴鹿俊子《宿命之愛》，實業之日本社，一九四九
・同右《黃昏記　回想川田順》，短歌新聞社，一九八三
・中川與之助《苦惱靈魂記》，山口書店，一九四九
・早瀨圭一《愛過的時候　淑女履歷表》，文藝春秋，一九九〇
・新村恭《廣辭苑為何誕生——新村出的人生軌跡》，世界思想社，二〇一七

中勘助
Kansuke Naka

（一八八五～一九六五）

人們說川端康成是第一位東大國文科畢業，擁有教授與日本文學研究背景的作家，但前面還有一個中勘助才對。

不知為何，人們提到中勘助，總會想到《銀之匙》，其實他還寫了《提婆達多》、《犬》、《鳥物語》等透過印度古典寓言，闡述人性醜惡及愛欲的作品，深受文學讀者喜愛。

富岡多惠子[1]所著的《中勘助之戀》，是第一本詳細描述其內心面的作品。總而言之，中勘助相當晚婚，五十八歲才結婚，這與兄長金一年紀輕輕就罹患腦中風，以致生活無法自理有關。金一已經娶妻，名叫末子，中勢必得協助大嫂，支撐整個家。

1 富岡多惠子（一九三五～），詩人、小說家、文藝評論家。

昭和十七年（一九四二），中五十七歲，末子六十歲去世。中隔年即結婚，金一卻在結婚典禮當天自縊。人們猜測，中暗戀大嫂，因此等到大嫂過世才結婚。認為自己遭弟弟與妻子遺棄的金一，憤而自殺。

題外話，中有個朋友叫江木定男，江木是當時的農商務省參事官，中在面對江木的女兒妙子時，「蘿莉控」的一面展露無遺。角川文庫出版的中勘助《母親之死》裡，收錄了以日記體寫成的〈郊外〉，內容提及中在三十三歲時，與九歲的妙子打情罵俏的場面：

她真的可愛得不得了，我好不容易才忍住從後面用力抱住她的衝動，佯裝平靜，讀著自己帶來的雜誌。（略）妙子有兩個甜甜圈。她用門牙咬起一個湊過來分給我。
「唔。」
她回過頭，嘴對上來。我咬住露在她嘴外的半個，兩人咀嚼著同一個甜甜圈。

＊

「你這傢伙。」

她邊說邊作勢推倒我。結果，她又坐上我的腿，寫下作文題目，說之後可以看。裡面有「萬里無雲」這個形容詞。

「妳懂得真多呢。」

說完，她突然振奮地問：

「唔、哪裡呢？」

妙子很興奮，一下跑到別處，一下又回來看題目，還撲上來抱住我的脖子，作勢要把我推倒。

這位妙子後來嫁給了經濟學家豬谷善一，在中的大嫂去世後不久，三十三歲即猝逝。此外，根據富岡所說，妙子的母親萬世曾經向中求婚，同屬漱石門下的野上彌生子也愛慕著他。中勘助的女性關係當中包含了幼女，教人不寒而慄。

＊參考文獻

・富岡多惠子《中勘助之戀》，創元社，一九九三（後收於平凡社library）
・菊野美惠子〈中勘助與兄長金一——《銀之匙》作者婚宴當天兄長自縊……衝擊的最新真相〉，《新潮》二〇〇一年七月

谷崎潤一郎
Junichiro Tanizaki
（一八八六～一九六五）

谷崎有「大谷崎」之稱，但並非因為他很偉大，而是他的弟弟精二也是作家，所以一如「大仲馬」與「小仲馬」，只是作為區分之用。

谷崎生於日本橋的富裕商家，父親入贅，外祖父事業有成。外祖父去世後，家道中落，幸好谷崎課業優秀，領取獎學金讀完東大國文科，與大貫晶川[1]、和辻哲郎[2]等人創辦第二次《新思潮》，二十五歲發表〈刺青〉，如慧星般出道（處女作是劇本〈誕生〉）。

谷崎前往有「魔窟」之稱的淺草十二樓下[3]嫖妓，感染了梅毒。年號改為大正

1 大貫晶川（一八八七～一九一二），詩人、小說家。妹妹岡本迦納（かの）子（一八八九～一九三九）為小說家、歌人、佛教研究家。

2 和辻哲郎（一八八九～一九六〇），哲學家、道德學者、思想家，代表作有《古寺巡禮》、《風土》等。

後，他住在一個叫真鶴館的地方，與堂嫂偷情，東窗事發後，堂嫂遭休妻，谷崎離家出走，行蹤不明，曾意圖自殺。

之後，谷崎結識了群馬縣前橋出身的藝妓，有意成婚，但對方已經有老爺了，谷崎遂娶其妹——當過藝妓一段時期的千代。結婚隔年，女兒誕生，命名鮎子，卻因「鮎」字本身帶有「鯰魚」之意，所以改以假名「あゆ子」標記。

婚後，谷崎對千代的閨房技巧失望，開始刻薄對待她，甚至與千代的妹妹——頗具混血風情的少女小林聖（せい）子同居，染指年僅十四歲的小姨子，這位聖子就是《痴人之愛》中「娜歐蜜（奈緒美）」的雛型。隨後，谷崎與製片公司簽約，當起電影編劇，有意讓聖子以葉山三千子為藝名出道。

與谷崎知交多年的佐藤春夫同情千代的遭遇，這份同情轉化成愛情，佐藤請谷崎把千代讓給他。谷崎雖承諾有朝一日會娶聖子為妻，但一來是千代與佐藤戀愛後越發美麗，二來是聖子拒絕了他的求婚，他便收回前言，與佐藤絕交——即為「小田原事件」。

關東大地震後，谷崎嫌惡地震，搬到關西住。年號改成昭和之後，他與佐藤和解。千代則愛上名叫和田六郎的青年，谷崎決定出讓千代，但因和田遲遲沒膽拍胸脯保證會給千代帶來幸福，佐藤仍持反對意見。此一時期，谷崎寫下了著作《食蓼蟲》。和田後來進入佐藤門下，成為推理作家大坪砂男（一九〇四～一九六五）。

昭和五年（一九三〇），谷崎終於決定把千代交付佐藤，並在八月印了三人聯名的聲明稿，寄送報社。此事成為大新聞，人們對此有褒有貶。谷崎逃出自家，奔走東京會見新任妻子候補古川丁未子。這幾年，大阪女子專門學校的學生一直替谷崎翻譯斯湯達爾[4]、哈代[5]等外國名著，丁未子是其中一人，後經谷崎推薦，進入文藝春秋當記者。谷崎當時四十四歲，丁未子整整小他二十一歲，年輕貌美，兩人隔年迅即成婚，但其實谷崎早在昭和二年（一九二七）便結識了名叫根津松子的有夫之婦。松子是大阪富商森田家次女，與富商繼承人根津清太郎結婚，膝下育有一男一女。

後因谷崎揮霍成性，不得不出售在岡本蓋的房子，與新婚妻子丁未子隱居高野山，等房子順利成交，夫妻才下山。同時，根津家生意日漸蕭條，松子改住阪神一

3 即凌雲閣，為十二層的塔狀西式建築。凌雲閣一帶是紅燈區，設有許多私娼館，日文以「十二層下的女性」來隱喻妓女。

4 馬利—亨利・貝爾（Marie-Henri Beyle，一七八三～一八四二），筆名斯湯達爾，法國十九世紀現實主義作家，代表作有《紅與黑》、《帕爾馬修道院》等。

5 湯瑪士・哈代（Thomas Hardy，一八四〇～一九二八），英國作家，代表作有《黛絲姑娘》、《無名的裘德》等，十四部長篇小說中，有七部被列為英國最偉大的小說。

帶，谷崎家也搬到隔壁。根津夫婦感情不睦，根津甚至與松子的么妹信子私奔。某日，谷崎向松子告白：「我為您傾心。」結婚不到兩年就與丁未子分手。松子盜出印鑑，送出離婚協議書，與谷崎隱居在阪神青木。谷崎稱松子為「女主人（御寮人さん）」，稱自己為家僕，寫下了《盲目物語》、《蘆割》、《春琴抄》等崇拜女性的被虐狂作品。谷崎知道自己的祖先來自近江，很崇拜石田三成；松子是大阪人，特別喜愛豐太閤[6]，谷崎應該是將松子比作茶茶，自己比作三成，寫下了《春琴抄》吧。

谷崎曾用「順市」等署名寫信，把自己當成男僕，包辦洗衣等工作，松子曾有一段時間忍無可忍，跑到朋友家，說要替朋友洗衣服。然而這場「佐助家家酒」隨著小說完成而告終。《吉野葛》、《文章讀本》和《潤一郎譯源氏物語》成為暢銷作，注入經濟收益，松子的妹妹重子、松子的女兒惠美子（谷崎的養女）等人住進谷崎位於反高林的宅院，重子反覆與男人相親，此時期發生的事也被谷崎寫進《細雪》中。

如小說的劇情，重子與德川家族的渡邊明結婚。隨著戰況加劇，谷崎與松子、重子、惠美子疏散到岡山縣，明則獨自赴任北海道。重子就是《細雪》裡的雪子，雖然並不是真的極美，但谷崎稱其「長女」，簡直把她當成第二個太太了，松子和重子間也曾有類似爭奪谷崎的行為。

戰後，谷崎在京都住了十年，松子之子清治過繼到渡邊家當養子，渡邊明年紀輕輕就死了。清治後來娶了畫家橋本關雪的孫女千萬子。谷崎六十歲後，罹患高血壓等疾病，雄風不再，卻非常疼愛千萬子，《瘋癲老人日記》（一九六二）裡的颯子就是以她為雛型寫的。

谷崎臨終前出版了與千萬子的往返書信，比《瘋癲老人日記》更加精采。千萬子雖然也不美，但谷崎著迷她的惡女形象，積極寫信給她。谷崎在《瘋癲老人日記》裡充分展現他的戀足癖，讓颯子踐踏頭部。小說完成後，真的請千萬子在旅館對他如法炮製。儘管谷崎滿心企盼著小說般的生活，但松子與重子聯手對抗千萬子，逼谷崎起誓，不得再與千萬子往來。

如《廚房太平記》所寫，谷崎請了美麗的居家女幫傭，當中有他特別中意的女人或說情人，聽說谷崎去世的十天前，還帶著其中一人出遊。

根據谷崎晚年隨筆〈雪後庵夜話〉中的描述，松子懷上谷崎的孩子之際，谷崎曾以「守護藝術氛圍」為由，要松子墮胎。此事廣為流傳，至今仍有人深信不疑，但只要看過谷崎在戰時寫下的隨筆〈初昔〉便知，當時多位醫師研判松子的健康狀況不

6 即豐臣秀吉。

宜生產，建議終止妊娠，這八成才是真相。松子在自己的隨筆裡多次提到谷崎不准她生，可能是因為這樣寫較能博取同情吧。

到了現代，許多谷崎的研究家逐漸察覺松子的真面目，像我這種變成「丁未子派」的人也為數不少。從松子本人口中問出許多內幕的英語學者稻澤秀夫（一九二八～）曾自費出版《祕本谷崎潤一郎》，其中有某女子針對松子無心發表了「誰叫大家都喜歡她嘛」的言論。松子就是這樣的女人。

順帶一提，谷崎的弟子武智鐵二[7]拍了一部電影叫《紅閨夢》（一九六四），無聊歸無聊，但裡面的谷崎（茂山千之丞）[8]與松子（川口秀子）[9]和本尊很像，務必一看。

＊參考文獻

・小谷野敦《谷崎潤一郎傳　堂堂正正的人生》，中央公論新社，二〇〇六

7 武智鐵二（一九一二～一九八八），戲劇評論家、舞臺劇演員、電影導演。
8 茂山千之丞（一九二三～二〇一〇），狂言方能樂師。
9 川口秀子（一九一二～二〇〇九），舞蹈家，創立川口流。

平塚雷鳥
Raicho Hiratsuka

（一八八六～一九七一）

平塚雷鳥，本名明子，父親平塚定二郎是高階官吏。明子讀女校時期認識了漱石門下的森田草平。森田本名米松，擁有妻室，卻在明治四十一年（一九〇八）與明子火速熱戀，兩人甚至跑去鹽原溫泉旅行，說要殉情自殺，令人措手不及，最後未遂，返回東京。常人也許難以理解這起莫名其妙的殉情事件，這要說到兩人當時熱中於鄧南遮[1]的《死亡的勝利》，想實踐書中描寫的殉情戲。不過明子說出令人費解的「我不是女人」的言論，最後兩人之間沒有發生性關係。明子學習禪學多年，這應該是某種禪機問答，然而森田當時未能理解。

1 加布里埃爾・鄧南遮（Gabriele d'Annunzio，一八六三～一九三八），義大利詩人、記者、小說家、冒險家。代表作為《玫瑰三部曲》。

森田是岐阜人，十幾歲便與堂妹森田津（つね）熱戀。剛考入金澤第四高等學校的時期，曾與堂妹同居，後被阿津的父母硬生生地拆散，但此時長男已經出生。森田同時受到東京住處房東女兒岩田朔（さく）所欽慕。

鹽原殉情事件爆發後，世人理所當然地認為兩人在旅館做愛，新聞也以女學生與教師之間的醜聞案來報導。漱石曾想促成婚事，平息風波，卻告失敗。明子去禪寺出家，傳聞她最後被那裡的和尚破了處子之身。森田則在漱石的提攜下，於明治四十二年（一九〇九）在《朝日新聞》連載描述此事件的小說〈煤煙〉。

明子在日本女子大學結識了後來嫁給高村光太郎[2]的長沼智惠子[3]，當時易卜生[4]《玩偶之家》中的女主角娜拉受到大眾喜愛，女性意識抬頭，明子等人被譽為「新女性」。明治四十四年（一九一一），創辦女性運動雜誌《青鞜》，擔任首任總編，三年後交棒給年輕一代的伊藤野枝[5]。

之後，明子與年輕小夥子奧村博史[6]同居，稱其「年輕的燕子」，從此以後，「燕子」成為「小狼狗」的代稱。

森田草平既是作家、評論家，也是一名翻譯，在法政大學擔任教授，後來與同屬漱石門下的野上豐一郎一派對立，失去教職，戰後加入共產黨沒多久就去世了。

明子相當長壽，活到了一九七一年，留下自傳《原始女性是太陽》。要說她是美人似乎有點牽強，但她膚色黝黑，聲音沙啞，給人「是這種女人啊」之感。日前曾發生某京大教授、社會學家把研究生納作情婦，引咎辭職的社會新聞，當事女子就是明子這種長相。

＊參考文獻

• 根岸正純《森田草平的文學》，櫻楓社，一九七六
• 佐佐木英昭《「新女性」到來　平塚明子與漱石》，名古屋大學出版會，一九九四
• 《原始女性是太陽　平塚明子自傳》，大月書店，一九七一（後收於文庫）

2　高村光太郎（一八八三～一九五六），詩人、雕刻家，代表詩集有描述妻子的《智惠抄》等。
3　長沼智惠子（一八八六～一九三八），婚後姓高村，西洋畫家、紙繪作家。
4　亨里克・易卜生（Henrik Johan Ibsen，一八二八～一九〇六），挪威現實主義劇作家。
5　伊藤野枝（一八九五～一九二三），無政府主義者、婦女解放運動家、評論家、作家。
6　奧村博史（一八八九～一九六四），西洋畫家。

里見弴 Ton Satomi

（一八八八～一九八三）

里見本名山內英夫，是有島家的四子，送到外婆山內家當養子，故姓山內。個頭非常嬌小，只有一五三公分，不過有張俊俏的臉，有島武郎大他十歲，志賀直哉大他五歲。里見從學習院考進東大英文科，最後肄業，與志賀是很要好的朋友，或者可說，簡直像是志賀的稚兒[1]，兩人會結伴上吉原、一起去松江旅行。然而，里見在私小說中對於志賀的描述觸怒了本人，導致友情破裂，里見遂在志賀的打壓下逃往大阪，借住在南地——難波藝妓宅院的二樓，與宅裡的藝妓山中端（まさ）相戀，不顧雙親反對結婚。當時是大正四年（一九一五）。

阿端為里見生下小孩，里見上京說服父母，怎知這段期間孩子生病，還來不及回大阪就夭折了。

里見的代表作《多情佛心》曾紅極一時，男主角是名帥氣的律師，背著妻子養小老婆，主張一夫多妻，認為自己對待每個女人都是真心，何嘗不可？後來新潮文庫版收錄了本多秋五[2]的解說，本多批評里見不該如此，當時里見仍在世，接受了他的指教。

里見與阿端生下的其中一個孩子——山內靜夫，後來成為松竹映畫製片人，實現了小津安二郎[3]與里見的合作機會。此外，夫婦倆另育有三男一女。豈料大正十二年（一九二三），里見與赤坂藝妓菊龍陷入熱戀。菊龍的老爺是三井財閥的中上川次郎吉[4]，當時又是第二代市川猿之助（後來的初代猿翁）[5]的情婦，里見從猿之助手中奪愛。菊龍本名叫遠藤喜久，通稱阿良，卒於戰後。直到阿良去世之前，里見都與她共同生活。

關東大地震時，里見從鎌倉返回東京，欲接妻小到鎌倉避難，卻在此時獲知一個叫市川的男人出入家中，與妻子胡搞，因而質問兩人。此事詳細寫在《安城家的兄

1 薩摩武士中的青少年制度，「稚兒（成人式前）」由「二才（成人式後）」負責教導，兩者關係緊密。
2 本多秋五（一九〇八～二〇〇一），明治大學教授、文藝評論家。
3 小津安二郎（一九〇三～一九六三），電影導演，代表作有《晚春》、《東京物語》等。
4 三井實業家中上川彥次郎（一八五四～一九〇一）次子。
5 歌舞伎代代相承的名號。

弟》中，根據內容，里見找到避孕環，得知兩人私交，惡毒地形容妻子「妳臭得像腐敗的魚腸」。里見質問男人，可有不惜私奔也要相伴的決心，市川未置可否，里見遂令兩人分手。

但是，里見與阿良生活時，似乎也讓女弟子住進家中，發生性關係。中戶川吉二[6]去當弟子的期間，後來嫁給中戶川的吉田富枝曾寫信給里見，由此可知，他和這些少女間亦有曖昧。此外，昭和初年，里見似乎曾與某良家寡婦——身分至今未明的摩登女郎談戀愛，寫下小說《無法者》。

戰況激烈時，里見曾讓阿良去長野縣的上田避難，當時的往返書信以《月明之徑　弴與良　心之魚雁》為名出版。

昭和二十七年（一九五二），摯愛的阿良在五十七歲罹患子宮癌離世，由早先來幫忙的外山伊都子照料起里見的生活，以「市兵衛」相稱。正室阿端則於一九七三年二月被里見叫去兒子家一趟，與里見分別後，死於車禍。里見在十年後的八三年去世，壽享九十五歲。

伊都子繼承了里見在那須的別墅後被趕出門，今後不得與里見家有所瓜葛。《新潮45》在一九八五年八月號刊出了伊都子投稿的〈我奉獻給《多情佛心》的大半生〉。

＊參考文獻

・小谷野敦《里見弴傳 「老實到蠢」的人生》，中央公論新社，二〇〇八

6 中戶川吉二（一八九六～一九四二），小說家。

和辻哲郎

Tetsuro Watsuji

（一八八九～一九六〇）

和辻哲郎，姬路人，與谷崎潤一郎、後藤末雄等人共創第二次《新思潮》，於創刊號發表劇本〈常盤〉，矢志成為文藝創作家，卻又自認才華不及谷崎，改入哲學科鑽研學問，拜夏目漱石為師，出版了《尼采研究》，成為道德學的專家，在京大、東大當教授。年輕時撰寫了《古寺巡禮》，十分暢銷，據傳奈良古寺巡禮的風氣就是由他帶起。

勝部真長[1]在《和辻哲郎的青春》中，描述了和辻讀一高時發生的事。當時，他與從姬路時代便認識的好友黑阪達三結交了人妻秋子，秋子的老公叫中山秀之。進入東大後，兩人協助秋子逃家，黑阪遭到停學處分，和辻被記警告。話雖如此，他與秋子似乎沒有性行為。

今東光[2]在著作《十二樓崩壞》中書寫谷崎潤一郎，提到谷崎曾說：「和辻與武林無想庵[3]是斷袖之癖。」但除此之外沒有其他文獻佐證，無從確認真偽。

同出漱石師門的師兄阿部次郎（一八八三～一九五九）也是道德學家，在東北大學當教授，著作《三太郎的日記》相當賣座，光從書名實在很難聯想是一本哲學書。

和辻很早便與高瀨照結婚，這位照夫人就是他透過師兄阿部引介而熟識。阿部遠赴東北大教書，但時常上京拜訪和辻家，與照夫人日漸生情，據說是兩情相悅，兩人趁著和辻去歐美旅行時見面，阿部主動吻了照夫人告白，照夫人將此事告知先生，這對師兄弟就此絕交。

阿部、和辻相繼過世後，妻子和辻照開始在《新潮》連載回憶錄《與和辻哲郎一起的日子》，在書中揭露此事。不過，女兒大平千枝子隨後在《文藝春秋》發表不同的看法，指出是母親的態度較為積極。

久米正雄與松岡讓也是類似的情形。漱石門下一共發生兩起師兄弟為女人鬩牆的糾紛，難不成是《心》所造成的潛移默化嗎？

1 勝部真長（一九一六～二〇〇五），道德學家。
2 今東光（一八九八～一九七七），僧侶、小說家、參議院議員。
3 武林無想庵（一八八〇～一九六二），本名磐雄，小說家、翻譯。

和辻的堂弟和辻春樹[4]曾於戰後短暫出任京都市長，而和辻位於若王子的宅邸，歷經各種錯綜複雜的原因，最後成了梅原猛[5]的家。未亡人和辻照對於梅原曾批評丈夫一事相當生氣，但梅原現在依舊是姬路市主辦的和辻哲郎文化獎的遴選委員，實在耐人尋味。

＊參考文獻

・和辻照《與和辻哲郎一起的日子》，新潮社，一九六六
・大平千枝子《阿部次郎與其家族》，東北大學出版會，二〇〇四
・勝部真長《和辻哲郎的青春》，中公新書，一九八七

4　和辻春樹（一八九一～一九五二），造船技師、京都市長、科學評論家。
5　梅原猛（一九二五～），哲學家、京都藝大名譽教授、國際日本文化研究中心名譽教授。

廣津和郎
Kazuo Hirotsu

（一八九一～一九六八）

戰後，吉行淳之介[1]初登文壇時盛行著一句話：「如此受異性歡迎的作家，自廣津以來，吉行是第二人。」可以見得，廣津和郎當年多麼叱吒風雲。

廣津是作家廣津柳浪[2]之子，在那個年代，第二代作家可說相當稀奇。他畢業於早稻田大學英文科，在《每日晚報》當了約莫半年的記者就辭職了。這段期間，與年長兩歲的寄宿公寓房東之女神山富久（ふく）交往，生下長男賢樹（不久夭折）。由於父親柳浪在知多半島的師崎養病，廣津花了一年才跟雙親報告女友的事，花了兩年才送出結婚證書。同時，他邂逅了在有樂町咖啡廳工作的栗林茂登，兩人愈走愈近。

1 吉行淳之介（一九二四～一九九四），小說家、散文家，代表作有《驟雨》、《暗室》等。
2 廣津柳浪（一八六一～一九二八），本名直人，小說家，文學團體硯友社的一員，以悲慘小說著稱。

等他與富久的長女桃子出生後，他便開始與茂登同居。

廣津與第一任妻子富久的感情基礎似乎建立在性慾上，雙方於精神方面不合。他在描寫茂登的〈阿光〉裡，洋洋灑灑寫下此事，當中還有妻子讀到他的文章時陰沉質問的場景。

大正十二年（一九二三），廣津認識了在銀座「Café Lion」工作的松澤濱（はま），但緊接著遇到關東大地震，搬到了關西。當年他三十二歲。兩年後，廣津正式與茂登分手，在大正十五年（一九二六）與阿濱結婚，共築家庭。

昭和十年（一九三五），廣津四十四歲，邂逅了「X子」。他在自傳《連續多年的腳步聲》道出此事，由於日文中沒有「X」開頭的人名，感覺更加陰森。根據書中描述，X子是熱愛《源氏物語》等古典作品的文藝女孩，廣津不小心跟她上床，之後受到跟蹤，曾意圖逃跑，但X子忽然脫去衣物，一絲不掛地勾引他。聽說X子甚至會突然從廣津家的二樓窗戶現身，似乎是沿著院子的樹爬進來。不僅如此，她還會強行闖入，叫來阿濱，三人圍坐，恐嚇「當中一定要有一個人死」。

此外，X子曾四度自殺未遂，每一次都會通知廣津，威脅「已經喝下毒藥」，廣津只好趕去救人。醫生表示，有一次沒死成的原因是服毒後馬上吃了蕎麥麵，蕎麥麵吸收了毒藥才救回一命。

X子前前後後糾纏廣津長達五年，廣津說這是人生當中最黑暗的五年，我想也是。廣津好不容易擺脫了X子，一年後在劇場偶然相遇時，她已經嫁做人婦，成為普通的太太了。

＊參考文獻

• 廣津和郎《連續多年的腳步聲》，講談社，一九六七（後收於文藝文庫）
• 同右〈阿光〉《廣津和郎全集第一集》，中央公論社，一九七三

佐藤春夫
Haruo Sato

（一八九二～一九六四）

我讀高中時，課本上印著佐藤春夫那一千零一張老後看來像妖怪的照片；田山花袋也是如此。不知為何，世間總愛刊登作家晚年的照片，這樣要如何聯想他們也曾經歷過的年少純情時代？譬如佐藤年輕時明明長得頗俊俏。

佐藤是和歌山縣新宮人，以詩人的身分出道。十二歲時認識了大他一歲的初戀情人大前（婚後改姓中村）俊子，暱稱「童話公主」（お伽話の王女）。佐藤就讀慶應義塾大時，常出入與謝野鐵幹、晶子夫婦的家，認識了《青鞜》的作者尾竹紅吉[1]的妹妹福美（ふくみ），這段戀情以單相思告終，佐藤因而罹患了失眠症。

時序來到大正三年（一九一四），佐藤二十二歲，與劇團藝術座的女演員川路歌子同居，歌子本身也會創作，曾投稿《處女地》、《Beatrice》等女性文藝雜誌。大正六年（一九一七），佐藤與歌子分手，改與默默無聞的女演員米谷香代子同居，這段時期結識了谷崎潤一郎，眨眼便與其妻千代熱戀，九年（一九二〇）時告別香代子，次年發生小田原事件，與谷崎絕交。此時期，新宮出身的西村伊作[2]在小田原蓋了「藝術家村」，佐藤以此為舞臺，寫下小說〈美麗小鎮〉。

同時，佐藤出版了具代表性的詩集《殉情詩集》，當中的〈秋刀魚之歌〉、〈贈與彼時之人〉等詩作，就是思念著被拆散的戀人千代而寫成：

唉呀
秋風啊
你若有知　去替我跟
痛失丈夫的妻子與
痛失父親的幼兒轉達
——一名男子

1 尾竹紅吉（一八九三～一九六六），本名富本一枝，畫家、隨筆家、女性運動家。
2 西村伊作（一八八四～一九六三），教育家、建築家、藝術家、詩人。

今日獨自用了晚膳
吃了秋刀魚
流下淚水——

這首詩講的是谷崎一家。但此時佐藤與谷崎往返的書信裡有許多哭鬧話，更加有趣。說來，佐藤經歷過不少女人，反應卻像個失戀的處男般不停寫著信，實在很反常。也有人說，佐藤與谷崎的情人聖子（小說裡的娜歐蜜）一起洗過澡。

大正十三年（一九二四），佐藤三十二歲時娶了藝妓小田中多美（タミ），接著在《改造》雜誌連載描述小田原事件的〈這段三角〉；谷崎以同樣的題材寫了虛構小說〈神與人之間〉，佐藤則是按事實陳述，出色多了。關於這件事，谷崎曾去信給佐藤感嘆：「事件不照實寫就沒意思了，光是更改了地名小田原，東西就變質了。」

鬧劇結束之後，大正十五年（一九二六），佐藤又愛上名叫山脇雪子的女子（婚外情），多美醋勁大發，佐藤首度體會到谷崎的心情，兩人重修舊好，佐藤停止連載〈這段三角〉，隨後出版了詩集《魔女》，世人戲稱此次的戀情為「魔女事件」，但山脇雪子根本不是什麼魔女。

只要仔細推敲便可知道，打從一開始，佐藤愛的就不是千代，而是谷崎吧。這是一種同性友誼，也是同性之間的吸引力，就連芥川也醉心於谷崎，可見谷崎天生擁有易使男人崇拜的特質。因此，喜歡谷崎的佐藤才會愛屋及烏，想要得到千代吧。

風波結束的四年後，佐藤幸運得到谷崎「出讓千代」，沒多久卻患了輕度腦梗塞。即便如此，千代依然為佐藤添了男丁，由谷崎命名為「方哉」。佐藤方哉後來成為心理學家，在慶大當教授，退休後的某天從新宿車站的月臺摔落，不幸遭輾斃。谷崎的親生女兒鮎子由佐藤領養，安排她與外甥竹田龍兒成婚，毫不意外，竹田後來當上了慶大的東洋史教授。

千代夫人成了與谷崎和佐藤兩位獲頒文化勳章的男人結過婚的奇女子，真是世事難料。

二戰期間，佐藤搬到長野縣佐久避難，直到戰爭結束，一共住了五年，當時有個魚雁傳情的對象，《修訂版佐藤春夫全集》第三十六集當中收錄了這些信，收件人的署名為「K.S」，當中亦附上「許久未見／情意有增無減／始料未及啊」等情話的明信片。

佐藤的前弟子島田謹二[3]似乎知道女子的身分，卻不曾公開。谷崎離世的前一年，佐藤在廣播節目錄音到一半時猝死，據說谷崎哭著說：「太突然了，我相信佐藤接下來會有很好的表現。」

3 島田謹二（一九〇一～一九九三），比較文學家、英美文學專家。

第四章 明治年間出生III

——日清戰爭後

川端康成

Yasunari Kawabata

（一八九九～一九七二）

川端是有名的孤兒，但他生於大地主家，母方親戚中不乏實業家與政治家，因此過得並不清寒。

在他年輕時的日記裡，常於當日結尾寫下「保身」一詞。起初他辯稱是父親留下的遺訓，直到日記原文的「保身兩次」被公諸於世，人們才知道那是「自慰」的意思。原來是怕嫖妓會染上性病，所以才「自慰保身」啊。

就讀茨木中學校時，川端交過男朋友，詳情請見他的小說〈少年〉，對象是學弟小笠原義人，生於大本教[1]家族，後來去修行了。

一高時期，川端突然逃離宿舍，跑去伊豆旅行，在當地跟隨巡迴表演團，從中邂逅了「伊豆的舞孃」，書中化名為「薰」，但實際上本尊為加藤多美（タミ），聽說「薰」是多美哥哥的名字。

東大時期，川端與本鄉「Café Elan」的女服務生「千代（ちよ）」戀愛，論及婚嫁。千代本名叫伊藤初代[2]，父親曾在岩手縣任教，當時去外地找朋友。「Café Elan」老闆平出增（ます）是「大逆事件」中的律師作家——平出修的親戚，後來把咖啡廳收起來，去了臺灣，初代則託給岐阜的寺院寄養。川端曾經千里迢迢去岐阜縣找她，還請菊池寬幫忙，租了適合新婚家庭的房子、添購家具，此時卻突然收到初代來信：「我沒辦法和您在一起了。」錯愕之下趕往岐阜，卻無法使她回心轉意。人們謠傳初代被僧侶養父侵犯了，但她後來又去信寫道「我恨您」，前後似乎兜不起來，整件事成了謎團。

據說川端在結婚之前都是處男，妻子松林秀[3]是來自青森縣的文學少女，因為在作家身兼編輯的菅忠雄[4]家幫忙而認識了川端，近水樓臺發生關係、結為夫婦。後來

---

1 一八九八年由出口直、出口王仁三郎創立的新興宗教。兩人原為日本神道十三派中的金光教巫師。

2 伊藤初代（一九〇六～一九五一），川端康成的前未婚妻，影響川端的多部作品。

3 即川端秀子（一九〇七～二〇〇二），舊姓「松林」，戶籍名「秀」。於川端康成過世後出版回憶錄《與川端康成同在》（川端康成とともに）。

4 菅忠雄（一八九九～一九四二），小說家、編輯。父親為德語學者菅虎雄，妻子為特教學校紅梅學園創校人菅壽子。

川端在《山之音》中透過主人翁描述了無法和心儀女子結婚、退而求其次選擇了妹妹的心境，真是個說來殘酷的故事。

昭和六年（一九三一），川端在淺草劇團「Casino Folies」看上舞孃梅園龍子[5]，培養她學習芭蕾舞，曾於寫給吉行榮助[6]的信中提到自己和龍子間有戀愛成分，不過龍子並不視他為交往對象，川端心碎失戀，之後純以贊助者的身分支持她。

昭和九年（一九三四），越後湯澤的高半旅館出了一位名藝妓叫松榮（小高菊〔キク〕，一九五一～一九九九），她是《雪國》裡駒子的原型，推測與川端有過一段情。在《雪國》裡，主角誇讚駒子「妳是個好女人」而惹怒她，這句話似乎可解讀為「妳有副好肉體」。

川端與松榮相好之後，沒多久便以此為題材，分別在《文藝春秋》與《改造》雜誌刊出兩則短篇，松榮聽聞自己被寫進書中，跑去書店翻看，讀得面紅耳赤，川端還寫信跟她道歉「不該擅自拿妳當模特兒」；隔年秋天川端再度去信，表示《雪國》裡抽掉了藝妓相關情節。之後川端重新修改《雪國》的稿子，加寫後續，戰後推出了新版本，故事尾聲的火災也是後來才加上去的。《雪國》在正式定稿以前，被稱為「島村[7]的故事」，宇野浩二[8]曾會見川端，以「那位小姐」稱呼松榮。當時，三味線的樂譜有兩種：一種是自古傳承下來的舊譜；一種是第四代杵家彌七[9]——赤星葉（よう）與丈夫赤星國清共同開發的近代化「文化譜」，由於書中的駒子使用了文化譜，宇野曾提出建言：「請跟那位小姐說，研精會[10]的樂譜比杵家彌七的樂譜好。」

沒多久《雪國》便推出電影，由寺崎浩編劇、花柳章太郎[11]主演，據說寺崎和花柳不顧川端警告「別去了，會失望」，曾去拜會松榮本人，最後果真失望而返。明知菊（松榮的本名）會看到，川端依然寫出這些軼事。其實，菊長得並不醜，應該算是中上。花柳宣稱自己也去見了葉子[12]的模特兒，川端笑說那是虛構人物。有人說葉子的參考人物是梅園龍子，也許花柳是去見了她吧。

5 梅園龍子（一九一五～一九九三），本名磯沼正枝，舞蹈家、演員。
6 吉行榮助（一九〇六～一九四〇），日本達達主義詩人、小說家。長子為吉行淳之介。
7 即《雪國》的主角，設定上為在東京研究芭蕾舞的自由業者。
8 宇野浩二（一八九一～一九六一），本名格次郎，小說家。
9 長歌三味線的流派名號。
10 長歌三味線演奏會及其演奏團體的名稱。
11 花柳章太郎（一八九四～一九六五），新派戲劇女形（反串）演員，日本文化功績者，被譽為「人間國寶」。
12 《雪國》裡的第二女主角，駒子的三味線師傅之女。

當然，龍子和菊實際上毫無關聯。而《山之音》中描寫的菊子，應該參考自養女政子。政子是從親戚家接手的美少女，似乎愛慕過住隔壁的山口瞳[13]。戰後，川端專找銀座的女服務生或旅館福田家的女傭當情婦，據說當中包含了《睡美人》的模特兒——銀座「L'amour」的茶子（チャコ）。賈西亞・馬奎斯讀了《睡美人》之後深深動容，聽聞大江健三郎認識茶子，想請他引介卻被婉拒。大江讀了馬奎斯寫的《苦妓回憶錄》之後，認為自己當初沒介紹是對的。這位茶子後來與曾任中央公論社《海》[14]主編的塙嘉彥（一九三五～一九八〇）相識結婚。大江和塙是大學友人，應該是因為這層關係而認識。關於塙的妻子，請參考大江的《聽雨樹的女人們》，據說裡面有個「國際作家的致命女郎」就是以她為形象所寫的。

＊參考文獻

・小谷野敦《川端康成傳　雙面人》，中央公論新社，二〇一三

---

13 山口瞳（一九二六～一九九五），作家、散文家。

14 發行於一九六九至一九八四年間的文藝月刊雜誌。

島田清次郎

Seijiro Shimada

（一八九九～一九三〇）

島田清次郎因為「島清戀愛文學獎」而揚名後世，我們無從得知他談過哪些戀愛，只有他愛慕過誰等軼事流傳下來。

島田的成名代表作是《地上》，讀過的人恐怕不多吧？他誕生於石川縣的貧困民家，是獨生子，由母親單親扶養他長大，沒有機會上大學。

但他對文學的野心可不小，二十歲便以《地上》一炮而紅。這是一部怎樣的小說呢？內容類似尾崎士郎[1]的《人生劇場》或五木寬之[2]的《青春之門》，講述偏鄉青年胸懷壯志上京，歷經戀愛、結識偉人，最後出人頭地的故事，寫盡鄉下懷才不遇青

1 尾崎士郎（一八九八～一九六四），小說家，代表作《人生劇場》為長篇自傳式大河小說，曾多次改編為電影。

2 五木寬之（一九三二～），小說家、隨筆家、作詞家。曾以《看那灰色的馬》榮獲第五十六屆直木獎。

年的發達夢。

明治中期盛行過村井弦齋[3]的《小貓》、德富蘆花的《小說回憶記》等長篇自傳體小說，但是到了大正中期就過時了，就算由新潮社出版，文壇的反應還是很冷清，反倒是「文壇外」的大師如生田長江[4]、德富蘇峰等人讚譽有加。總之，當時描寫日常裡的枝微末節才是文壇主流，而架構扎實的長篇作品較討好市場，《地上》因而成為暢銷作。

這件事說來吊詭，但在現代也是如此：文壇活動多半環繞主流雜誌，所以當時的「文壇作家」指的是在《中央公論》、《新潮》與《改造》等雜誌上連載短篇作品的作家；許多人單行本賣得再好，只要沒在特定雜誌連載作品，終究成不了「文壇作家」，例如寫下《受難者》的江馬修[5]，儘管書大賣，卻始終打不入文壇。

當時，島田一一拜訪了認同他理念的人，在社會主義者堺利彥[6]家住了下來，隨後愛上堺的女兒真柄（之後的近藤真柄）[7]。然而正如久米正雄覬覦漱石的女兒，這是一種想娶名家女鯉魚躍龍門的夢想。堺不認同這段戀情，逐出島田；《地上》雖然陸續推出了第二部、第三部，但銷量持續下滑。

島田接著盯上了海軍少將舟木錬太郎的女兒芳江。芳江是小說家舟木重雄[8]與德國文學研究家舟木重信[9]的妹妹，島田巧妙地約她出來，兩人固定約會。但不知中間發生何事，恐怕是島田想生米煮成熟飯、芳江不從，島田最後吃了凌辱與監禁罪的刑事告訴。

附帶一提，杉森久英藉由書寫島田的傳記《天才與狂人之間》榮獲直木獎，應該是因為當時舟木芳江仍在世，書中使用了假名「砂木良枝」，我在撰寫《戀愛昭和史》時不小心沿用了（已於文庫版修正成本名）。

官司最後雖以和解劃下休止符，島田的社會名聲卻一落千丈，精神似乎出現異

3 村井弦齋（一八六四～一九二七），記者、小說家，代表作《食道樂》內含六百種以上的四季食材，堪稱美食作品先驅。
4 生田長江（一八八二～一九三六），評論家、劇作家、小說家、翻譯。
5 江馬修（一八八九～一九七五），作家。島田清次郎受到江馬修的《受難者》、《暗礁》所啟發，寫下了《地上》第一部。
6 堺利彥（一八七一～一九三三），社會主義運動家、思想家、歷史學家、作家、翻譯。
7 近藤真柄（一九〇三～一九八三），社會主義者、女性主義者、婦女運動家。
8 舟木重雄（一八八四～一九五一），小說家。與廣津和郎、葛西善藏等人合辦文藝同人雜誌《奇蹟》。
9 舟木重信（一八九三～一九七五），小說家、德國文學研究家、早稻田大學教授，專修海涅與歌德。

常，開始隨意拜訪陌生文人家，形跡可疑，最後被送入精神病院，年僅三十一歲即死於院內。

之後推出的《島清，敗壞世俗》等戲劇裡，出現了「島田信奉社會主義思想，裝病被關」等說法，與事實出入頗大。

我曾在某本書提到島田時，順手寫道「猛一看到作者名和兩個漢字的書名，會聯想到平野啟一郎[10]」，編輯說這樣寫太過武斷，刪除了這句話，但我只是想抒發感想，沒有詛咒平野會步上島田後塵的意思……

10 平野啟一郎（一九七五～），芥川獎作家，常以法國古代為寫作舞臺，代表作有《葬送》、《日蝕》等，曾任日本文化廳駐法大使。近期作品為《日間演奏會散場時》。

宮本百合子

Yuriko Miyamoto

（一八九九～一九五一）

百合子（本名ユリ，即百合）的祖父中條政恒是米澤（市）上杉家的重臣，明治維新之後，開拓了福島縣安積町。父親精一郎是東大畢業的建築師，母親葭江出自名門，為明治啟蒙思想家西村茂樹[1]之女。久米正雄的外祖父曾跟隨政恒開山闢地。

中條本來讀作「nakajou」，隨著精一郎移師東京，發音改為「chyuujou」。百合天資聰穎、精通文墨，大正五年（一九一六）寫下〈貧困人群〉，經由坪內逍遙的提拔刊上《中央公論》雜誌，成為轟動世人的十七歲天才少女。此時，百合與青梅竹馬久米正雄萌生情愫，但因久米性好美女，百合並不漂亮，戀情未能開花結果。

1 西村茂樹（一八二八～一九〇二），啟蒙思想家、教育家、文學博士。道德振興團體「日本弘道會」創辦人。

百合十九歲時，隨父親精一郎前往美國留學，當時新聞盛大報導。在紐約，她邂逅了語言學家荒木茂[2]，大正八年（一九一九）不顧母親反對，步入禮堂。百合的母親並非對荒木有所不滿，只是不希望女兒出嫁。現代也有無所不用其極妨礙女兒結婚的母親，以及逆來順受的女兒。

可惜這段婚姻多有摩擦，維持得並不長久。隨後，百合結識了攻讀俄語的湯淺芳子[3]，於大正十三年（一九二四）與荒木離婚，和湯淺展開近乎女同志的關係。此一時期，她寫下自傳體小說《伸子》與《兩座院子》，附上與湯淺往來的書信，內容提到男人射精後態度不變，「連聲音都不一樣！」，實在有趣。湯淺的傳記請見瀨戶內寂聽[4]的《孤高之人》。

昭和初年，百合與湯淺前往革命後的蘇聯旅行，將旅遊見聞寫成長篇小說《路標》。此時百合已經發福，仍受到日本人平貞藏[5]追求，想必是個妙語如珠、受人愛戴的女子。

然而，湯淺一心想鑽研革命前的俄羅斯文學，百合則對社會主義產生興趣。回國之後，百合成為左翼作家；昭和七年（一九三二），與小她九歲的共產主義文藝評論家宮本顯治（一九〇八～二〇〇七）結婚，親身參與社會運動。母親此時偏向保守，雙方各執己見。百合曾遭逮捕入獄，在牢裡差點因為熱衰竭而喪命，幸好在危急存亡之際獲釋。

此後，百合改用「宮本百合子」之名，積極參與社運活動，夫妻倆命運多舛，顯治後被送進網走監獄，不願改過，成為長期監禁囚。這段期間與百合子的通信集結成《十二年的書信》，編入文春文庫。

隨著日本戰敗，顯治出獄返家，以共產黨首領的身分積極活動。百合子積極回復創作活動，卻在六年後因先前入獄熱衰竭造成的後遺症而猝死。

百合子的祕書大森壽惠子（一九二〇～二〇一〇）日後出版了《宮本百合子的往昔》等著作，卻在百合子去世後與宮本顯治結婚，週刊雜誌還推出了「兩人在百合子生前就有一腿」、「百合子臨終時顯治在大森家」等八卦報導。

---

2 荒木茂（一八八四～一九三二），語言學家，波斯（伊朗）歷史研究先驅。
3 湯淺芳子（一八九六～一九九〇），俄國文學研究家、翻譯。
4 瀨戶內寂聽（一九二二～），俗名晴美，小說家、天台宗尼僧，代表作有《夏之殘戀》等。
5 平貞藏（一八九四～一九七八），思想家，創立昭和塾。

*參考文獻

‧中村智子《宮本百合子》，筑摩書房，一九七三
‧澤部仁美《百合子，до свидания（再見了）　湯淺芳子的青春》，文藝春秋，一九九〇（後收於學陽書房女性文庫〔沢部ひとみ〕）

宇野千代

Chiyo Uno

（一八九七～一九九六）

宇野千代在《我的人生軌跡》（一九八三）中寫下自身情史，締造銷售佳績，加上本人時常在電視上暢談此類話題，因此可說是眾所皆知。在上黑柳徹子的綜藝節目《徹子的房間》時，黑柳才稍微提及：「您和尾崎士郎……」宇野馬上接口：「睡了！」接著被黑柳調侃：「我還是第一次遇到有人把跟男人睡覺說得像午睡一樣輕鬆呢。」唯有問及小林秀雄[1]，宇野含糊其詞，聽說後來確認的結果是：「雜交派對。」

宇野誕生於山口縣的富裕家庭，就讀岩國高等女校時，家裡早早將她許配給表哥[2]藤村亮一，但她較屬意弟弟忠，隨即與亮一離婚。宇野在小學當過臨時教師，之

1 小林秀雄（一九〇二～一九八三），文藝評論家、編輯、作家。

2 宇野年幼時生母便去世了，此處的表哥指繼母家的表哥，和宇野沒有血緣關係。

後去了朝鮮又旋風回國，與忠成婚。她在京都住了一陣子便搬到東京，於文人聚集的料亭「燕樂軒」短暫工作十天，結識了久米正雄與今東光，馬上又隨丈夫調任搬去北海道。

大正十年（一九二一），宇野用筆名「藤村千代」參加《時事新報》的小說徵文比賽，以第一名的成績勝出。第二部作品投稿到《中央公論》，沒有下文，遂上京詢問[3]，輾轉結識了當時榮獲第二名的尾崎士郎，兩人一見如故，就此在東京的馬込住了下來。此區在當時是知名的文人村，川端康成也曾在此留居。宇野告別藤村，與尾崎正式結為夫妻，但隨即在昭和五年（一九三〇）與尾崎離婚。人們謠傳她是因為與梶井基次郎外遇才導致離婚，但梶井長得其貌不揚，兩人似乎沒有上床，純粹是梶井單方面愛慕宇野的樣子。

同年，宇野三十三歲，邂逅了畫家東鄉青兒（一八九七～一九七八），遂發展成同居關係，《色懺悔》這部作品正是源自於東鄉的風花雪月。昭和九年（一九三四），她再度與青兒分手，創辦了時尚雜誌《Style》。昭和十四年（一九三九），宇野和作家北原武夫（一九〇七～一九七三）結婚時，已經四十二歲了；兩人在昭和三十九年（一九六四）離婚，當時宇野六十七歲。

大概是因為宇野沒有生子，世人多半能接受她如此「閱男無數」。宇野的著作權最後由她的祕書藤江淳子繼承。

宇野在《時事新報》獲得一等一的讚譽時，里見弴是其中一位評審。里見年長宇野九歲，和宇野一樣在那須擁有別墅，據說在一九七〇年時，宇野曾去拜訪里見，對他說：「我倆如此有緣，之前卻沒機會多加親近。以後我們好好相處吧。」宇野的代表作《我的人生軌跡》，就是將早期發表的純文學自傳小說《一個女人的故事》改寫成大眾讀物的作品。

3 宇野詢問後得知作品已經獲選刊登，卻沒有收到通知。

小林秀雄

Hideo Kobayashi

（一九〇二～一九八三）

小林秀雄的討論意外地多，卻沒有傳記可以參考，一來是小林本身不愛談論自己，二來是他並未公開書信或日記；不僅如此，連他妻子的正確出生年分都查不到。

說到小林的生平，一定要提他年輕時與中原中也[1]和長谷川泰子[2]發生的三角戀。泰子原先是中也的同居女友，大正十四年（一九二五）甫入東大法文科的小林接近泰子，計畫了大島之行，兩人相約在品川車站碰面，最後因為泰子遲到與不為人知的因素，只有小林單獨前往大島。回到東京以後，小林因為腸扭轉開了刀，這段期間的十一月，得知詩人好友富永太郎[3]去世的消息。

十一月下旬，泰子離開中原，與小林在杉並町天沼住下，隔年大正十五年（一九二六）[4]搬到鎌倉。昭和三年（一九二八），小林擔任就讀成城高中的大岡昇平的法語家教，從東大畢業。此時，泰子罹患多年的潔癖症演變成精神衰弱，小林不堪負荷離家出走，跑去奈良，過起了出入志賀直哉籬下的關西漂泊生活，歷經一段荒唐的歲月。昭和四年（一九二九）返回東京，以〈多樣的巧思〉投稿《改造》舉辦的書評徵文比賽，以第二名佳績入選，從二十七歲起展開他的文藝評論家之路。補充，第一名是宮本顯治的〈「敗北」文學〉。昭和五年（一九三〇）起，小林在《文藝春秋》連載文藝時事評論〈艾希爾與龜之子〉，結識了川端康成、中村光夫[5]等人。昭和九年（一九三四），小林三十二歲，與長野出身的森喜代美結婚，從此長伴一生。

泰子與小林分手後，與一九〇四年出生、年輕小林兩歲的舞臺劇演員山川幸世發生關係，生下一子，由中原命名為茂樹。接下來，她與煤炭商人中垣竹之助結婚，但隨著日本戰敗，中垣的事業遭到重挫，夫妻分居，泰子加入世界救世教[6]，搬到總

1 中原中也（一九〇七～一九三七），詩人、歌人、翻譯。代表作有《山羊之歌》等。
2 長谷川泰子（一九〇四～一九九三），女演員，藝名為陸禮子。
3 富永太郎（一九〇一～一九二五），詩人、畫家、翻譯。
4 十二月二十五日以前算大正十五年，之後算昭和元年。
5 中村光夫（一九一一～一九八八），本名木庭一郎，文藝評論家、作家。
6 由大本教的幹部岡田茂吉，於一九三五年創立的新興宗教。

部所在的熱海住了一陣子又返回東京，後因其「被中原中也拋棄的女人」的身分，被中原的瘋狂書迷恐嚇。一九七四年，由村上護[7]執筆、泰子口述，出版了《一去不返　與中原中也的愛》。小林死於一九八三年，泰子則於十年後八十九歲死於安養院。

二戰結束後，曾發表軍國言論的小林憂心被追究責任，經歷了捽落月臺事件與母親之死，認為「母親化作螢火蟲了」，接著辭去明治大學的教職，擔任創元社的董事；四十八歲時推出全集，隔年榮獲藝術院獎，五十七歲成為藝術院會員，六十五歲接受文化勳章褒獎，當今已經沒有這種文藝評論家了。不過，最讓人不可思議的是：看來如此受歡迎的小林，戰後竟然沒有傳出任何緋聞。

7 村上護（一九四一～二〇一三），文藝評論家、俳人。

林芙美子
Fumiko Hayashi
（一九〇三～一九五一）

林芙美子於四十八歲猝死，死因是工作過量導致心臟麻痺，也可稱為過勞死。臨終前，她似乎人緣頗差，據說三島由紀夫換穿出席喪禮的衣服時說：「為什麼非得參加那個蠢女人的喪禮不可啊？氣死我了。」（福島次郎[1]《三島由紀夫　劍與寒紅》）這場喪禮由一直以來對林相當照顧的川端康成主事，甚至為她向眾人道歉：「林生前固然可恨，不過還請各位原諒她。」

二戰過後，大佛次郎[2]出版了小說《歸鄉》，裡面有個美女叫高野左衛子，曾於戰爭期間滯留東南亞。這部小說很像廉價的諜報小說，林讀了之後竟說：「高野左衛

1　福島次郎（一九三〇～二〇〇六），小說家、高中教師。一九九八年出版以本名刊登的自傳小說《三島由紀夫　劍與寒紅》，內容穿插自己與三島由紀夫的同志情節，轟動一時。

2　大佛次郎（一八九七～一九七三），本名野尻清彥，小說家，代表作有《鞍馬天狗》系列。

子的參考人物，不正是我嗎？」因為她在戰爭期間待過印尼，並和後來成為東大新聞研究中心教授的高松棟一郎[3]交往，湊巧與該作劇情雷同，就此對號入座。大佛聽了，忍不住抱怨：「她真以為自己是美女啊？」

我會感到奇怪，是在林芙美子逝世的追思座談會上多次聽聞：「林在《放浪記》吐露，她從出道直到《新潮》來邀稿，一共等了二十年。」（《文藝　臨時增刊號　林芙美子讀本》一九五七年三月）。但林的作品很早就登上《新潮》，我在想，她是不是記錯雜誌名稱了？因為，林出版《放浪記》的接下來幾年，在當時所有受到矚目的雜誌上皆有執筆，所以或許是她自己記錯，出現被害妄想症吧。

林從尾道（市）上東京以後，一面在咖啡廳當服務生，也參加了在「白山南天堂書店」舉辦的文學沙龍，因而邂逅演員田邊若男（一八八九～一九六六）與詩人野村吉哉（一九〇一～一九四〇），前後與他們交往。但，與其說是「戀愛」，不如說是年輕男女肉體尋歡的輕浮社交。

林有個叫泰的養子，是她於二戰期間不知從哪帶回家的，林去世後，泰從電車踏板摔落身亡。桐野夏生在《有什麼》中推測此人是林與高松的私生子，也就是說，林隱瞞了懷孕生子的事。但林的身高只有一百四十七公分，倘若是魁梧的女性還能遮掩肚子，這樣的身高太勉強了吧。

林的配偶是畫家手塚綠敏，大家都把「綠敏」讀作「ryokubin」，聽說「masaharu」才是正確唸法。林去世後，手塚改娶堂妹福江，委實詭異，傳聞說兩人在林死前就有一腿。

再往前考究，林曾在昭和初年待過巴黎，當時似乎也有情人。松本清張〈斷碑〉的參考人物——考古學家森本六爾（一九〇三～一九三六）那時也在巴黎，與林有所交情，曾一度列為懷疑的對象，但這個猜測已經隨著現北九州市立文學館館長今川英子公布該情人是建築師白井晟一（一九〇五～一九八三）而破除。

不管是白井也好、高松也罷，他們雖然都曾與林「戀愛」，卻不知究竟到何種程度？我指的不是肉體上，而是男人心靈上究竟愛她到什麼程度？林芙美子自認為美女，又常被評為濫情女子，因而招來不少男人的反感。

---

3 高松棟一郎（一九一一～一九五九），記者、編輯、東大新聞研究所教授。

＊參考文獻

・竹本千萬吉《人・林芙美子》，筑摩書房，一九八五
・《林芙美子巴黎之戀》，今川英子編，中央公論新社，二〇〇一
・池田康子《fumiko與芙美子》，市井社，二〇〇三

堀辰雄
Tatsuo Hori

（一九〇四～一九五三）

數年前，宮崎駿製作了動畫電影《風起》，堀辰雄的同名小說是原著之一，但我很懷疑現代人還讀不讀堀辰雄？《風起》是他思念死於肺結核的未婚妻而寫的小說。談到《風起》，我會率先聯想到松田聖子的歌與涼爽宜人的輕井澤，但他的未婚妻矢野綾子其實是在長野縣的富士見高原療養院斷氣，而非輕井澤。

實際閱讀《風起》，會發現這不是一本輕鬆的幻想風格作品，而是以粗魯的口吻稱呼女友，讀來完全不輕鬆的小說。

堀是堀濱之助與側室在東京生下的孩子，由於正室沒有生子，堀隨即被送往堀家當繼承人。過沒多久，母親改嫁名叫上條松吉的男子，堀因此在養父家長大，直到三十四歲時松吉過世，堀才知道自己另有生父。說來奇怪，他難道都沒想過自己為何姓堀嗎？江藤淳推測，堀似乎以為堀濱之助是義父，萬萬沒料到他才是生父。

堀打著東大國文科的背景，卻將瓦樂希[1]的「風起了，唯有努力活下去！（Le vent se lève! Il faut tenter de vivre!）」譯成「風起了，要活下去否？（風立ちぬ、いざ生きめやも）」。「活下去否」是「要不要活下去」的意思，所以是誤譯。他不是看錯法文，而是弄錯了日本古文的文法。

堀十餘歲時，愛上住附近的日本文學研究學者——內海月杖[2]的次女妙子，經歷小小的失戀。母親在關東大地震時不幸溺斃，堀自己也罹患了胸膜炎；同時，受到芥川龍之介提拔賞識，兩人在輕井澤結識了歌人片山廣子的女兒總子（一九〇七～一九八二），堀對總子心懷愛慕。總子的哥哥名叫達吉，是個作家，筆名吉村鐵太郎（一九〇〇～一九四五），死得很早。

隨後芥川自殺，堀打擊甚大，肺炎確診為肺結核，進入富士見療養院養病。昭和八年（一九三三），堀告別片山總子，去輕井澤散心，邂逅了矢野綾子，隔年小倆口許下婚約，當時堀三十歲。好景不長，昭和十年（一九三五），綾子肺病惡化，年末死於富士見療養院。

堀將這段回憶寫成《風起》，但這部作品也有過度「美化、文藝化」結核病的成分。接著，他認識了加藤多惠，步入禮堂，四十九歲時逝世；加藤多惠——後來的堀多惠子則相當長壽，活到了二〇一〇年，壽享九十七歲。

這樣分析下來，堀和《風起》的矢野綾子僅交往了兩年；相較之下，和片山總子相處的時間更長。堀以這些女人為基礎，寫下了〈菜穗子〉、〈榆樹之屋〉、〈魯本斯的贗畫〉、〈神聖家族〉、〈故事裡的女人〉等作品。

來聊聊總子吧，她擁有「宗瑛」、「井本重（しげ）」等筆名，在女性文藝雜誌《火鳥》上發表過數則隨筆。聽說宗瑛是茶道裏千家的名號。川村湊[3]在著作《故事裡的女孩　尋找宗瑛》裡對她做了一番考察，提到宗瑛嫁給一個叫山田秀三的官員，山田後來成為研究愛奴[4]文化的專家。宗瑛曾經透露，因為被誤會是堀辰雄的前女友而婚事告吹，江藤淳基於這點痛批堀不該擅自幻想出〈神聖家族〉。附帶一提，「神聖家族」的語源來自於馬克思抨擊敵對學派時，用來嘲諷黑格爾等人而下的書名標題。

---

1 保羅．瓦樂希（Paul Valéry，一八七一～一九四五），法國象徵主義重要詩人、作家。《風起》取自他的詩歌〈海濱墓園〉（*Le Cimetière marin*）。

2 內海月杖（一八七二～一九三五），本名弘藏，日本文學研究學者、歌人。

3 川村湊（一九五一～），文藝評論家。

4 Aynu，又譯為阿伊努族，日本北方原住民，「Aynu」為「人」之意。

堀過度浪漫化、美化自己及其周遭的傾向，由弟子福永武彥[5]悉數繼承。福永一方面否定自然主義，骨子裡又是「日本鬼子思想」，只要有點年紀的人應該都讀不下去吧。

＊參考文獻

‧江藤淳《昭和文人》，新潮社，一九八九

‧川村湊《故事裡的女孩　尋找宗瑛》，講談社，二〇〇五

5　福永武彥（一九一八～一九七九），小說家、詩人、法國文學研究家。

伊藤整

Sei Ito

（一九〇五～一九六九）

描述伊藤整青春時代的自傳小說《年輕詩人的肖像》，記錄了他大正十四年（一九二五）從小樽高商畢業、在小樽中學任教，於昭和二年（一九二七）進入東京商科大學（現在的一橋大學）自二十歲到二十二歲之間發生的事。內容提到這段期間曾與叫根上重（書中化名重田根見子）的女性交往，根據曾根博義[1]在《伊藤整傳》裡的考察，幾乎都與事實相符。

書中有許多性愛描寫，範圍從海邊、室內擴及當時曾是男女幽會場所的蕎麥麵店二樓。然而，這段感情只維持了不到一年。根上重愛上關西學院的學生，同年年末便

1 曾根博義（一九四〇～二〇一六），日本近代文學研究家、文藝評論家，專攻伊藤整、井上靖與福永武彥。曾任日本近代文學館常務理事。

與對方私奔。這件事發生在大正十三年到十四年之間，伊藤在自傳裡把時間延後了一年，藉以隱瞞被女友甩掉的事實，說兩人是因為自己去東京求學才分手——這是曾根的考據結果。

大正十五年（一九二六）年末，伊藤還在小樽時出版了詩集《雪照亮的路》，大獲好評，至少因此收到三封來自文學少女的愛慕信，與她們當起筆友。其中一人是大阪少女，後來上京當了舞者，時常與伊藤見面；另一人住很近，是渡島半島野田生（地名）人，名叫小川貞子，伊藤讀了書信之後，對她最有好感，在昭和三年（一九二八）的三月或四月相約札幌碰面。貞子長得美若天仙，伊藤第一眼見到她便心想「我就是想娶這種太太」，兩人當時的魚雁傳情，收錄於兒子伊藤禮編纂的《伊藤整氏情書往返》，當中還附了貞子年輕時的照片，果真名不虛傳。伊藤與貞子結婚之後，每每遇到夫妻吵架，都不忘拿這件事來緩頰。

第三位是新潟少女高山民（タミ），伊藤與貞子相約的期間也與她通信。民曾寄來自己的照片，長得並不美（這是曾根在著作中的描述）。曾根推測，伊藤曾於昭和四年（一九二九）歲末去新潟找她，要求上床被拒，從此不相往來。隨後，伊藤與貞子生了兩個兒子，在文壇闖出名聲，昭和十年（一九三五）出版的D・H・勞倫斯[2]

的《查泰萊夫人的情人》刪減版譯本亦相當叫座，此時期卻意外遭受自稱是高山民男友的男子狂暴攻擊。原來民上京工作，染上肺結核，正在療養。伊藤請共同友人出面調停，民則在這段期間病逝，得年二十九。

伊藤與在該領域相當知名的左川千花（ちか）也有過私情。千花是伊藤小樽時期的老友——川崎昇的妹妹，本名叫川崎愛（發音同千花）。昭和三年（一九二八），愛讀完小樽高等女校的重考班，請求兄長協助上京，時常拜訪伊藤家，兩人長談至深夜，有時也會住下來。這些事伊藤都有寫信向當時住在北海道的貞子報告。曾根在著作中提到，貞子及川崎愛的友人小林次子，都不知道這兩人到底是什麼關係。

據說伊藤在昭和五年（一九三〇）九月娶了貞子之後，繼續堂而皇之地與愛見面。愛會以「幫忙看稿」為由，大剌剌地闖入新婚家庭，發出嬌嗔，扶著伊藤的大腿，令隔壁房的貞子見了大驚失色。不過，愛相當短命，昭和十一年（一九三六）就罹患胃癌逝世。

2 大衛．赫伯特．勞倫斯（David Herbert Lawrence，一八八五～一九三〇），英國作家，為二十世紀英語文學界最重要也最具爭議性的作家之一。

除此之外，伊藤也和經營酒館「Three sisters」的三姊妹當中排行中間的文學少女世彌（ヨネ）偷情，直嚷著「會分手會分手」，兩人卻牽扯了長達十年以上。

話說回來，伊藤為了將勞倫斯的作品介紹給日本讀者，不惜耗費前半生翻譯了《查泰萊夫人的情人》無刪減版，最後判處有罪[3]，付出代價。仔細想想，勞倫斯從文人前輩手中奪來妻子弗麗達，一生崇尚性解放思想，與女性建立開放的關係，也難怪伊藤和他有所共鳴。

伊藤畢生的暢銷作就是《關於女性的十二章》，此外亦發表了〈近代日本虛偽的「愛」〉等論文，在著述中大談：「男人只要結婚三天就會對妻子厭倦，想趕快偷吃，好讓妻子絕望。」諸如此類。但這只是伊藤的個人經驗，非一般論；而勞倫斯的性愛觀也僅適用於受歡迎的男人身上，結不了婚的男人可別亂學啊——看看伊藤的輝煌經歷就知道了吧。

爾後，伊藤當上東京工業大學教授，長年在《群像》[4]連載《日本文壇史》。

＊參考文獻

・曾根博義《伊藤整傳　詩人的肖像》，六興出版，一九七七

・山本茂《故事中的女人》中關於根上重的採訪報導

3 內容在當時涉及猥褻罪，從譯者到發行人都遭起訴判刑。

4 講談社於一九四六年創刊至今的純文學月刊雜誌。

圓地文子

Fumiko Enchi

（一九〇五～一九八六）

谷崎潤一郎於一九六五年逝世後，從他生前開始籌備的谷崎潤一郎獎召開了第一屆評選會，此時擔任評選委員的圓地文子主張自己的作品應該得獎，其他評選委員（三島由紀夫、伊藤整、武田泰淳[1]等）持反對意見，認為評選委員的作品不該列入考量。

之後，圓地持續爭取獎項，終於在第五屆時，以自傳體三部曲《奪朱者》、《受傷的翅膀》和《虹與修羅》摘下谷崎獎。武田泰淳極盡評選委員之能抨擊圓地，主張「讓評選委員得獎太流於封建思想」。

但我讀完《奪朱者》三部曲之後，著實甘拜下風，這場仗是武田輸了，那是圓地賭上大半輩子的心血結晶。反觀武田自己擁有僧籍，卻讓太太武田百合子[2]四度墮胎，實在沒有資格對人家指指點點。

圓地是東大日本文學研究學者上田萬年的女兒，早年以「上田文子」之名在小山內薰的門下編寫劇本。昭和三年（一九二八）年末，處女作〈晚春騷夜〉正式公演，小山內卻在慶功宴上昏倒，再也沒有醒過來。

接著，文子成為報社記者，嫁給以齊柏林飛船（Led Zeppelin）的報導成名的圓地與四松，昭和七年（一九三二）生下女兒素子，但夫妻感情不睦。文子寫小說也寫隨筆，不久便與作家片岡鐵兵[3]擦出婚外情，這些事也寫進了《奪朱者》三部曲裡，只是女主角滋子的生平略有修改，變成編劇的養女，養父的形象應該來自於小山內。情人片岡本是普羅文學作家，後來轉向右翼，昭和十九年（一九四四）前往和歌山旅遊時猝死。

二戰結束後，滋子開刀治療子宮癌——這部分符合事實；滋子有志當作家，早期卻苦無門路，只能靠著撰寫少女小說撐下來——這部分則虛實參半。圓地確實寫過純

1 武田泰淳（一九一二～一九七六），小說家、第一次戰後派作家。

2 武田百合子（一九二五～一九九三），隨筆家。丈夫武田泰淳死後，以兩人共度富士山莊的回憶日記寫下處女作《富士日記》，獲得高度評價。

3 片岡鐵兵（一八九四～一九四四），小說家。名字也寫成「鐵平」。

文學小說，卻苦無登上文藝雜誌的機會；除此之外，她亦在《小說新潮》等介於純文學與大眾文學之間的小說雜誌撰文，當時連川端康成、里見弴等人都時常在這類「中間小說誌」發表作品。

備受爭議的是在《受傷的翅膀》中登場的柿沼鴻吉。根據書中描述，柿沼是滋子的情人，職業是德國文學研究家，在天主教會大學教書，曾於戰爭期間前往德國，染上肺病住院療養，出院時還在德國，適逢戰敗，遭同盟國的軍隊收押，遣返日本。柿沼與滋子在戰爭爆發前相戀；戰後，女兒美子說想當歌舞伎女演員，滋子則苦於跟丈夫扮演假面夫妻，此時柿沼回國，兩人見面敘舊時，不小心又發生關係。

柿沼很可能是土方與志[4]。土方曾於同一時期前往蘇聯，戰爭期間又去了法國，歸國後被逮捕，直到戰敗才獲釋。

書的尾聲，時序已過昭和三十年（一九五五），滋子的作品終於被認證為純文學，柿沼卻罹患肺癌病逝——三部曲就在這裡結束。

看到柿沼死於肺癌，又加深了我的懷疑，因為土方與志也是死於肺癌。戰後，土方雖然轉向左翼戲劇活動，但他也是小山內的弟子，與圓地應該保有聯繫；妻子亦在《土方梅子自傳》當中提到戰後為丈夫的婚外情所苦，書中描述情婦是某學者太太，年輕時曾與土方論及婚嫁，那不正是圓地嗎！津上忠[5]寫的《土方與志評論傳》因為是官方傳記，所以沒記錄這些事。

附帶一提，美子想當歌舞伎演員，然而當時松竹歌舞伎並未任用女性演員，劇團「前進座」則有，推測她應該想當「前進座」的女演員，倘若如此，與土方的牽連就更深了[6]。故事裡，滋子讓美子學習舞蹈，找歌舞伎演員市山扇升商量，對方也拒收好人家的姑娘。這應該是小山內的第三個兒子市川扇升吧（一九一八～一九四八）。

戰後，圓地寫了許多少女小說之後，藉由以外婆為模特兒撰寫的《女坂》（一九五七）被認同為純文學作家（圓地在戰前也寫過一本《女坂》，但那是隨筆集，兩本是不同作品）。

寫到這裡，圓地的「男性閱歷」可還沒結束。猜是為了溫飽，即便是受到認可之後，圓地仍持續撰寫通俗小說，其中有一本書叫《我亦燃燒》（一九六〇），主角是位中年女作家，愛上了姪女的未婚夫。這名年輕人是核能研究學者，圓地之女素子的

4 土方與志（一八九八～一九五九），本名久敬，舞臺劇演員，擁有伯爵爵位。
5 津上忠（一九二四～二〇一四），劇作家、舞臺劇演員，與松本清張交好。
6 二戰結束後，土方與志在「前進座」及舞臺藝術學院重新展開戲劇活動。

丈夫富家和雄（一九二八～二〇〇五）正是核能物理學家。

瀨戶內寂聽表示，圓地與富家的互動堪稱情侶，而她晚年的作品，靈感全來自於跟女婿的對話。《鴉戲談》（一九八一）是由烏鴉與老婦的對話組成的連續短篇集，聽說裡面全是她與富家的對話。

《遊魂》（一九七一）則描述名叫蘇芳的女作家，與名叫留女的女子丈夫欽吾間的性愛關係。

蘇芳與欽吾看上去就像阿姨與姪甥，或是年齡差距甚大的姊弟，兩人面對面講話，宛如丈母娘在對女婿說話，背離了世俗常識。

兩人也會一起入浴。

「你怎麼對留女，就怎麼對我。」

語畢，蘇芳摟住走入浴缸的欽吾脖子，臉蹭向胸膛。欽吾攬過她的裸身，輕輕抱起，將彷彿失去重力的身體放上自己大腿，泡進熱水裡。

讀到這裡，我也想到了富家。這部分頗像「女版谷崎」。此外，圓地翻譯了現代白話文版的《源氏物語》，裡面有「打個情罵個俏」等句子。她這一生都是一位極具真實感的作家。

耕治人
Haruto Ko

（一九〇六～一九八八）

耕治人是熊本人，姓本來似乎讀作「tagayasu」，後來改成「ko」。他上京以後拜千家元麿[1]為師，但光靠寫詩無法填飽肚子。耕早早便與小他四歲的良（ヨシ）子成婚，夫妻都在出版社從事編輯及校對工作餬口。此外也請川端康成相助，寫小說尋求出版機會。

然而二戰期間，耕因涉嫌參加左翼運動而遭拘捕，戰後亦吃盡苦頭，小說完成了、帶去雜誌社投稿，對方不予刊載，最後借助川端之力，以單行本的方式發行。良子曾在川端與高見順經營的鎌倉文庫上班。接著，耕的精神開始出現狀況。當時，川端的小舅子在尋覓住處，耕將自己租的土地又分租出去，川端試著阻止卻已經來不及了，聽說小舅子還對耕冷嘲熱諷。耕的家位在裡側，出門時一定會經過川端的小舅子家，耕為此苦不堪言，遂萌生土地被奪走的妄想，甚至遷怒川端。他可能以為川端會去替他說情吧。

這件事鬧上了法院，了解原委之後，判定只是路過而已。川端去世後，耕擺脫不了土地被恩人騙走的妄想，一連寫下數篇私小說。耕窮歸窮，但一九七〇以《一條之光》獲得讀賣文學獎；一九七三年以《被招待來這個世界的客人》榮獲平林泰子[2]文學獎；一九八一年以《耕治人全詩集》獲得藝術選獎文部大臣賞，頗受「文學獎之神」眷顧。

一九八八年左右，太太良子的失智症狀加劇，終於開始尿失禁，每當耕為她清理，她就會說「何其有緣」；不過良子住進療養院後，每當院方小姐提醒「這是妳先生喔」，她就會回答「或許吧」。耕把這些經歷寫成小說，受到矚目，被世人稱為「終命三部曲」。然而，等到這些作品真正大紅時，耕已經因為癌症去世了。

二〇〇五年，這對夫妻臨終前的互動被拍成電影《或許吧》，由桂春團治[3]與雪

1 千家元麿（一八八八～一九四八），詩人。
2 平林泰子（一九〇五～一九七二），本名平林たい（tai），小說家、時事評論家，二度獲得女流文學獎，死後受頒日本藝術院獎恩賜獎。
3 桂春團治（一九三〇～二〇一六），本名河合一，落語師。宗號「桂春團治」的第三代繼承人。

村泉[4]主演，昔日的大明星雪村如何飾演失禁的失智症患者成為炒作的話題，總之，電影最後在良子被告知丈夫已死卻無法理解的惆悵中結束。

我突然很在意良子究竟活了多久，作品當中都沒有提到。經過調查，死於二〇〇二年十一月，活到了九十二歲。換言之，丈夫過世之後，良子在渾然不知的情況下，整整活了十四年。

4　雪村泉（一九三七～），本名朝比奈知子，歌手、演員、畫家。與美空雲雀、江利智惠美合稱「三人娘」。

高見順

Jun Takami

（一九〇七～一九六五）

不少私生子都長得很俊俏，畢竟是情婦所生的小孩，繼承了母親的美貌，高見順也不例外。但他不是一般的私生子，與永井荷風當官的叔叔阪本釤之助[1]有關，此人後來當上當時由政府指派的福井縣知事。高見的母親高間古代是阪本的侍寢人。然而，古代並非藝妓，只是普通人家的姑娘，不知怎麼和阪本湊在一起，總之，高見——本名高間芳雄，就這樣被生下來了。

古代在阪本的幫助下帶著母親一同上京，將芳雄扶養成人，擁有東大英文科的學歷，阪本亦承認他是私生子。當時是普羅文學的全盛期，高見挺身參加左翼運動，成

1　阪本釤之助（一八五七～一九三六），政治家、詩人。愛知富農永井匡威排行第三的兒子，過繼到元老院議員阪本政均家當養子，曾擔任名古屋市長、貴族院議員。

為左翼戲劇的舞臺劇演員，與女演員石田愛子（府立第一女高畢業）相識結婚。昭和八年（一九三三）發生了小林多喜二[2]虐殺案，高見被偵辦的刑警逮捕，受到嚴刑拷問；同時間，愛子與淺草藝人土屋伍一偷情，一去不返，豈一個慘字了得。多喜二案爆發後，文學家們紛紛尋求轉向[3]，高見也不例外。接著，高見與水谷秋子再婚，所生的女兒隨後夭折，從此以後夫妻間不再生孩子。

高見入圍了第一屆芥川獎但沒有得獎，當時住在鎌倉，結識川端康成、久米正雄等人，二戰後與他們一同經營鎌倉文庫。年屆五旬時，與小野田房子發生婚外情，高見在小說《生命之樹》中自曝此事。但查閱高見從戰前到死前的日記全集《高見順日記》（勁草書房），當中隻字未提，所以只能從茫茫的小說記述中予以推敲。聽說這部小說傷到了秋子夫人，即便如此，昭和三十三年（一九五八），情婦房子仍為高見添了一女，取名為恭子。

小野田房子是酒吧的女公關，《生命之樹》描寫高見從一九五四年到一九五六年的經歷。高見夫人秋子得知先生有了情婦，難過得病倒了，不禁令人質疑他寫這部小說太過樂天。

此外，高見還參與以四十世代學者為主的「惡魔研究會」，隨後，名叫「香取」

的文藝評論家加入集會，最後在八岳以凍死的方式自殺。我心頭一驚，這不是服部達[4]嗎？描寫服部達的小說裡，以安岡章太郎[5]的《吐舌天使》最知名，不過只有死法借用自服部達。話說回來，聽說自殺的主因是感情糾紛，與名叫「陽子」的酒吧女公關有關，引人好奇。

文藝評論家川嶋至在《文學的虛實》中以《生命之樹》為例，舉出漏洞：《生命之樹》只寫到孩子出生前。川嶋指出，高見的女兒誕生於一九五八年一月，《生命之樹》從一九五六年起在《群像》雜誌連載了前半部，後半部不定期刊出，直到一九五

2 小林多喜二（一九〇三～一九三三），普羅文學代表作家，知名作品為替勞動階級發聲的《蟹工船》。《在外地主》描述銀行如何聯合地主剝削農民，出書之後，小林多喜二遭到銀行開除，投身社會運動，為當時無產階級文學同盟書記長，後遭祕密警察逮捕，刑訊致死，對外宣稱是心臟麻痺。其作品直到戰後都被列為國家級禁書。

3 一九三四年左右，日本普羅文學出現新變革，繼一九三三年鍋山貞親、佐野學等社會運動家出版《致共同被告同志之書》後，作家們紛紛放棄共產主義思想，陸續出版以「轉向」為主題的文學作品。

4 服部達（一九二二～一九五六），文藝評論家，一九五四年與島尾敏雄、遠藤周作、吉本隆明等人合創《現代評論》。一九五六年飽受負債所苦，在雪山服用安眠藥鑽入雪中自殺。

5 安岡章太郎（一九二〇～二〇一三），小說家，囊括芥川獎、野間文藝獎、讀賣文學獎、大佛次郎獎、日本文化動章等多項殊榮。

八年十一月在雜誌上完結，幾乎同時推出單行本，當中卻絲毫未提及女兒誕生的事。一九六〇年，圓地文子與高見去金澤旅遊時，高見買了伴手禮說要送給親戚，同行的室生朝子[6]看見署名寫著「O．K子」[7]。此外，圓地也認為《生命之樹》應該要繼續寫，川嶋推測她指的是女兒誕生的事。

女兒在一九五八年一月誕生，是出自於平野謙的考察，他在著作中寫道：一九五八年四月，高見前往蘇聯之後，秋子夫人偶然看見高見書櫃上凸出於書本間的戶籍謄本，發現私生女已在一月誕生，高見則在二月收到消息，秋子夫人備受打擊。平野在一九七三年七月發表著作，豐田穰[8]則早一步登出使用真實人名書寫的高見傳記小說〈假面人〉，當中有一模一樣的場景，但此處的生日記載為昭和三十二年（一九五七）十一月四日。

在豐田的〈假面人〉中，秋子寫了埋怨信給當時身在巴黎的高見，令高見萬分苦惱。查閱《文學家的書信⑥　高見順》（博文館新社）一九五八年夏天高見與秋子的往來信件，當中的確提到了孩子。

然而，高見恭子公開的生日為一九五九年一月五日，根據講談社文藝文庫出版的高見順著作集當中附的最新年表，恭子的生日為一九五八年一月五日。謊報年齡常見於演藝圈，高見恭子之所以撒一眼就能看穿的謊，是因為父親高見順早已是被時代遺忘的文學家嗎？

一九五二年（四十五歲）罹患身心症，陷入低潮。

一九五四年（四十七歲）早春，在酒吧認識小野田房子（二十三歲左右？）。七月創立「惡魔研究會」，成員為植松正、大島康正、和歌森太郎、日高孝次、佐藤弘人、村田宏雄、古川哲史；服部達（三十二歲）隨後加入。

一九五五年（四十八歲）二～三月，參加亞洲知識人會議、亞洲筆會，巡迴緬甸、達卡與印度。歸國後與房子發生婚外情（藕斷絲連）。十二月二十七日，房子被前任男友弄傷臉部。

一九五六年（四十九歲）一月一日，服部達於八岳凍死，判定是自殺。九～十

6 室生朝子（一九二三～二〇〇二），隨筆家，室生犀星的長女。
7 小野田恭子（Onoda Kyoko）的縮寫。
8 豐田穰（一九二〇～一九九四），小說家、前海軍軍官。

一九五七年　二月，在《群像》連載〈生命之樹〉。

一九五八年（五十歲）十二月在《群像》刊載〈生命之樹〉第五章。

　　　　　（五十一歲）一月五日，房子產下高見之女恭子（高見恭子）。三、八、十一月，在《群像》刊載〈生命之樹〉。十二月，由講談社出版《生命之樹》。

一九五九年（五十二歲）以惡魔研究會的名義在六興出版部出版《惡魔研究》，研究會解散。

一九六〇年（五十三歲）圓地文子與高見等人前往金澤旅遊，室生朝子看見高見在伴手禮上寫下「小野田恭子」，告知圓地。

一九六五年（五十八歲）二月，圓地文子在《高見順文學全集》與《生命之樹》的書籍解說中表示應該要繼續寫。八月四日，恭子過繼高間家。十七日，高見去世。圓地文子在《日曆》的「高見追悼號」上寫出伴手禮一事。

一九七三年　高間恭子（十五歲）開始當模特兒。六月，豐田穰在〈假面人〉寫到高見之子。七月，平野謙亦在《高見順全集》的解說中道出此事。

一九七五年　川嶋至在《藝術季刊》評論《生命之樹》。

一九八四年　高間恭子改名為高見恭子。

一九八七年　川嶋出版《文學的虛實》。

一九九五年　小野田房子去世，約六十六歲。

二〇〇〇年　高間秋子去世，八十九歲。

高見與小田切進[9]等人竭盡全力創設了現今位於駒場的日本近代文學館，不到六十歲便因食道癌去世，最後留下詩集《來自死亡深淵》，榮獲野間文藝獎，並於臨終前將小野田恭子過繼為養女。日記上記錄了恭子被帶到病床前見他的事。

昭和四十年（一九六五）的七月到八月之間，江戶川亂步、谷崎潤一郎、高見相繼去世。同年春天設立谷崎潤一郎獎，以及鼓勵作詩的高見順獎。

高見的小說——如《厭惡之感》等多部作品，刻畫了昭和初期的左翼運動時代，

9 小田切進（一九二四～一九九二），日本近代文學研究家、立教大學名譽教授。

在當時獲得很高的評價，但現今應該沒人想看這種小說了。反倒是他的「日記」充滿真實感，算得上出眾。

太宰治
Osamu Dazai

（一九〇九～一九四八）

太宰治，本名津島修治，誕生於青森豪門，父親及兄長皆為政治家，長女的另一半為入贅女婿，即自民黨的津島雄二，次女是作家津島佑子[1]。

太宰就讀東大時期最廣為人知事件，就是帶咖啡廳的女服務生田邊淳美（あつみ，本名田部至免〔シメ〕子[2]）殉情，最後只有淳美死亡，獨自獲救的太宰一直懷抱著罪惡感。

雖說一同赴死，其實太宰並非特別喜歡淳美。在太宰身上幾乎不會發生初戀沒有結果或以單戀告終這種事。

---

1 津島佑子（一九四七～二〇一六），本名里子，小說家，曾獲谷崎潤一郎獎，代表作為《火山——山猿記》。

2 舊翻譯文獻多寫成「津子」，疑為把シ看成ツ所造成的誤譯。

在太宰的〈喀嗤喀嗤山〉裡，狸貓愛上了兔子，為此付出慘痛的代價（根本是被殺死的），但故事裡的狸貓並非太宰他自己，而是弟子田中英光[3]。太宰本身自尊心強，不大可能甘於單相思，實際上我也無法想像太宰寫出像齋藤茂吉或倉田百三那種教人臉紅的情書。因此，太宰的情書只有寫給戰後情人太田靜子[4]的一般書信。

太宰雖然自稱「小丑」，但他想表明的意圖是「絕對不想當小丑」。而「戀愛」是從「當小丑也甘之如飴」發展而來（或者說根本不會顧慮那麼多），所以太宰無法談戀愛。

岸田秀[5]在《怠惰精神分析》中談論《人間失格》，抨擊太宰瞧不起女性，並引用下列文句直指他的自私冷漠：「當時有三個女人同時對我示好。……『你儘管把我當成親姊姊吧』。／此舉令我厭惡且不寒而慄，但我回答：／『正有此意。』／並做出略帶憂愁的微笑。（略）某年夏夜，她執意不走，我在昏暗的街角作勢要她走，卻又吻了她，意外興奮失控，叫了車子，帶她到像是為了與那群人活動而在暗地裡租的大樓辦公室似的狹窄西式房間，雲雨至天明，暗自苦笑『真是個要不得的姊姊啊』。」

嚴格說來，這是男主角大庭葉藏的日記，但太宰可能有冷漠的自覺，當中亦摻雜了太宰對左翼運動的嫌惡。我認為岸田在續集《二次沖泡的怠惰精神分析》中針對三島由紀夫等人的文學評論更為犀利。

太宰有「試探對方是否願意跟自己殉情」的壞習慣，這點真的很不好。漱石的《三四郎》也好不到哪去，明明喜歡美禰子，卻認為如果對方不喜歡自己就沒意思了，簡直是德川時代的大男人思想。太宰也寫私小說，但若要他學花袋或近松秋江那樣，在私小說中自曝痴傻地追著女人團團轉、弄得一把鼻涕一把眼淚的經驗，他寧可自殺吧。

與太宰相關的女性，首先要提到有明淑（一九一九～一九八一）。她是良家出身的文學少女，將日記寄給太宰，太宰以此為題材，寫下《女生徒》。該女子似乎不曾實際與太宰見面，隨後平凡地嫁做人婦。

據說太宰喜歡過石井桃子（一九〇七～二〇〇八）。石井長期擔任幕後翻譯，一

3 田中英光（一九一三～一九四九），無賴派作家。
4 太田靜子（一九一三～一九八二），歌人、作家，太宰治的情婦之一，其日記為太宰撰寫《斜陽》的參考資料。
5 岸田秀（一九三三～），心理學家、精神分析師、思想家、散文家，亦執筆翻譯。

九九四年出版長篇自傳體小說《夢幻的紅果實》，榮獲讀賣文學獎，世間反應普普。但剛邁入本世紀時，她在書中描寫的女同志情節受到關注，對象叫小里文子，曾與橫光利一[6]同居，縱使早早過世，仍蔚為一時話題。

題外話，洛夫廷[7]的「杜立德醫生」系列表面上是由井伏鱒二[8]翻譯，但是《杜立德醫生非洲歷險記》的後記裡卻寫著，井伏拿到石井桃子的譯稿之後，再由井伏校正。文章明明出自石井之手，最後卻變成了井伏掛名。

在查閱尾崎真理子[9]的《祕密王國　石井桃子評論傳》之後，會發現這部分寫得很隱諱。首先，書中提到太宰治喜歡石井，因此時常出入井伏家；但是針對「杜立德醫生」系列只寫「石井與井伏熱心引進」，執行者掛名石井，當中未提到是由「井伏翻譯」，當然也就沒有寫到石井代譯一事，怎麼看都是顧慮井伏的感受才這樣寫。不過井伏曾對外表示：「這是由人代譯、我參與製作並且過意不去的成品。」

石井比太宰大兩歲，昭和十五年（一九四〇）時，太宰三十一歲，石井三十三歲。石井最具代表性的照片是戴著眼鏡往上看那一張，她不是世間所謂的美女，卻有「眼鏡萌屬性」與知性可愛的特質，比起山崎富榮[10]那種風塵味美人，說不定太宰更偏愛知性型女子。

6 橫光利一（一八九八～一九四七），小說家、俳人、評論家。菊池寬的弟子，與川端康成同為新感覺派的代表作家。

7 休・約翰・洛夫廷（Hugh John Lofting，一八八六～一九四七），英國兒童文學作家。

8 井伏鱒二（一八九八～一九九三），本名滿壽二，小說家，曾獲直木獎、讀賣文學獎、日本藝術院獎、野間文藝獎、文化勳章等多項殊榮。

9 尾崎真理子（一九五九～），文藝評論家、讀賣新聞文化部記者。

10 山崎富榮（一九一九～一九四八），美容師、太宰治的情婦兼照料者，最後與太宰在玉川上水投河殉情而知名。

大岡昇平

Shohei Ooka

（一九〇九～一九八八）

大岡昇平的父親是所謂的「炒股人」——這是其次，重點是他的母親當過藝妓，而大岡長大後才得知此事，頗受打擊。他是住在澀谷一代的富家少爺，讀成城中學，曾向小林秀雄學習法語，大學並非讀東大而是京大，一面在神戶的氧氣科技公司上班，一面從事斯湯達爾的翻譯及研究，志不在寫作，但結識了中原中也與富永次郎[1]，交情不錯。

二戰期間，大岡受徵召前往菲律賓戰線，戰敗後被羈押遣返，當時是三十六歲，已婚，因為戰敗丟了飯碗，改行當職業作家。小林曾對他說：「不是描摹，是要寫下你自己的靈魂！」

大岡早期翻譯過菲爾波茲[2]的《紅髮雷德梅因家》（*The Red Redmaynes*），猜是為了餬口，講談社文藝文庫的著作條列漏了此書。一九五〇年出版了《武藏野夫人》，成為熱賣的婚外情小說。

一九五三年到一九五四年，大岡領取洛克斐勒財團[3]的獎學金，四十四歲渡美深造，起先的研究計畫寫的是斯湯達爾，但被質疑為何要在美國研究法國的斯湯達爾，因而改為愛倫・坡。

大岡一生沒寫出幾本暢銷小說，令人懷疑他是怎麼生活的？難不成父親為他留下了遺產？

花心可得付出金錢代價，大岡最知名的情婦是他在著作《花影》中描寫的坂本睦子（一九一五～一九五八）。傳聞睦子遊走於諸多文人之間，出身靜岡，孤雛般地長大，上京在酒吧「長谷川」工作，十五歲就被直木三十五[4]以半強暴的方式破處；隔年轉任青山二郎[5]開的銀座酒吧「Winzoa」，上演了中原中也與坂口安吾[6]爭奪她的鬧劇，最後由安吾勝出，遂成安吾的情人，同時亦受菊池寬照顧，還被小林秀雄求

1 富永次郎（一九〇九～一九六九），美術評論家，詩人、畫家富永太郎的弟弟。
2 伊登・菲爾波茲（Eden Phillpotts，一八六二～一九六〇），英國作家、推理小說家。
3 Rockefeller Financial Group，美國十大財團之一，以壟斷石油起家。
4 直木三十五（一八九一～一九三四），本名植村宗一，小說家、劇本家、導演。直木獎的紀念人物。

婚，聽說她在拒絕之後，與某位奧運選手私奔到京都。

隨後，睦子返回東京，在番眾町的茶館「櫸」工作。昭和十年（一九三五），以贊助業主為名在銀座開了自己的店「Aruru」，當時為二十歲；十三年（一九三八）起，成為河上徹太郎[7]的情婦，聽說與他的交往時間最長。戰後，昭和二十二年（一九四七），三十二歲的她重返銀座，在酒吧「Bouquet」工作；二十四年（一九四九），青山二郎曾住進睦子的公寓；二十五年（一九五〇），由青山命名的「風先生」開店，睦子在此上班的期間結交了大岡昇平，一共當了他的情婦將近八年，其中包含大岡去美國留學的期間。隨後，睦子被派去「Bouquet」的分店「Bunke」。後因大岡夫人疑似自殺未遂，導致大岡多次想與她分手。

睦子也熟識宇野千代、白洲正子[8]，昭和三十二年（一九五七）左右告別大岡，隔年四月，睦子虛歲四十四歲，於房間服用安眠藥自殺。事發之後，白洲隨即在《文藝春秋》六月號寫下〈生於銀座死於銀座：活在昭和文學史背後的女子〉予以追悼（《行雲抄》收錄）。

聽說大岡接獲死訊趕至，突然哭了起來。當時他四十九歲。之後從《中央公論》八月號開始連載《花影》。

然而，《花影》中並未交代兩人如何相知相惜，反倒曖昧地描寫了睦子與大岡分手後發生了什麼事，說睦子最後受青山二郎利用交易古董才會自殺，變成是在指責青山的不是，引來白洲正子的怒斥。

當時，高見順也批評大岡沒寫自己被夾在妻子與情人間的痛苦。高見此時正在撰寫《生命之樹》，也難怪他會這麼說。

儘管受到批評，《花影》仍為大岡摘下每日出版文化獎與新潮社文學獎，成為名著。即使如此，書中卻有很大的矛盾：大岡與睦子（小說裡化名松崎與葉子）去吉野賞櫻時，曾提到：「倘若葉子是徒花[9]，哪怕不是花朵本身，只要踩踏花影，我便心滿意足—松崎望著空寂的坡道如此作想。」這正是書名的由來，是很重要的場景，但

5 青山二郎（一九〇一～一九七九），裝幀師、美術評論家、古董鑑定家。小林秀雄、中原中也、大岡昇平等多位文人時常聚集其住所，此稱「青山學院」，本篇提到的白洲正子、宇野千代也是他的弟子。

6 坂口安吾（一九〇六～一九五五），本名坂口炳五，小說家、評論家。代表作有《盛開的櫻花樹林下》、《墮落論》等。

7 河上徹太郎（一九〇二～一九八〇），文藝評論家、音樂評論家，為日本藝術院會員、文化功績者。

8 白洲正子（一九一〇～一九九八），隨筆家，為戰後日本政府對外交涉重要官僚白洲次郎之妻。

9 指開花未結果就散落的花，隱喻徒勞無功。

最後松崎與葉子重逢、肌膚相親之後，一起搭計程車去九段賞櫻時，葉子卻說：「你終究不肯再一次帶我去吉野。騙子。」我要說的是，一開始的版本沒有「再一次」。大岡在岩波書店一九八二年出版的《大岡昇平集》中留下親筆修改，直到死後筑摩書房出版全集（一九九五年）時才正式印上去，因此，我最初看的新潮文庫版沒有「再一次」，形成疑點。這表示大岡當初在寫時，竟然忘了他們之前有去吉野！我試著搜尋當初有沒有人指出這個矛盾，沒有找到。《花影》是一部不可思議的小說，但我基於和高見相同的理由，不予置評。不過，坂本睦子擁有粉絲，例如久世光彥[10]便以睦子為參考人物，寫下了《女神》。

大岡雖然面貌凶惡，不過還算受歡迎。此時他已年屆四十九，之後似乎不曾再犯花心。

10 久世光彥（一九三五～二〇〇六），舞臺劇演員、小說家、實業家。

中里恒子

Tsuneko Nakazato

（一九〇九～一九八七）

中里恒子是第一位芥川獎女性得主，老師是橫光利一，曾替川端康成代筆寫過《少女的港灣》。得獎作〈公共馬車〉描寫親兄長的跨國婚姻，豈料二戰結束後，自己的女兒也要嫁給外國人，中里堅決反對。這是關於中里的軼事。

戰後，她仍是一位平實的作家。曾為川端代筆一事或許形成某種壓力，直到川端逝世後，她才拿下讀賣文學獎，成為藝術院的會員。

中里於一九七七年出版的長篇小說《時雨記》，在一九九八年改編成電影，由吉永小百合與渡哲也主演，書籍問世之初似乎也曾引發討論，內容講述中年婦女堀川多江與丈夫死別之後，和開公司的初老實業家壬生孝之助的愛情故事。最後壬生在多江家猝死，故事到此結束。

《朝日週刊》曾於一九七八年的三月十七日刊出報導〈「時雨之戀」悄悄引發潮

流，成年人的童話——中里恒子《時雨記》〉，引起女性讀者的熱烈迴響，甚至誕生出「時雨族」這個流行語，但根據當時正要升高中的我的記憶，似乎沒有大家形容得這麼誇張。

重點在於這是不是中里的親身體驗？答案似乎是肯定的。根據河出書房新社編輯出身的田邊園子的《女人的夢　男人的夢》所述，田邊曾與中里及該名實業家同遊福岡，去看了唐津燒，男人不斷對下屬發號施令，中里似乎很驕傲擁有這樣一位情人。大概是因為祕密被知道，聽說中里後來對田邊很疏遠。

此外，中里曾於一九七一年的《藝術季刊》秋季號上發表〈殘月〉，描述男子在同年盛夏死亡，死時七十二歲，在中里家中吃了西瓜後心肌梗塞猝死。

男子的身分是小原勝守，生於明治三十二年（一八九九），是安藤建設的會長兼董事、資產家安藤勝五郎之孫，慶大經濟學院畢業，曾任安藤建設的重要幹部及社長，於一九七一年八月十七日下午三點二十五分心肌梗塞發作，死於自家——以上摘自《讀賣新聞》的報導。他當然不是死於自家，但是對外必須如此宣稱。男子是握有實權的公司老闆，難怪連私人旅行都有下屬隨侍。小原比中里大十歲，所以兩人應該是從中里四十幾歲、小原五十幾歲時開始交往。

第五章

大正年間出生

檀一雄

Kazuo Dan

（一九一二～一九七六）

檀一雄的代表作為《火宅之人》，「火宅」是佛教譬喻用語，指家中失火仍嬉戲其中的孩子，藉以比喻「不問世間疾苦、耽溺享樂之人」，我很懷疑作者是否正確使用了這個詞。的確，主人翁圭一雄結交了情婦，不顧家中有個身心障礙兒，在外尋歡，但這並非佛教想闡述的意思。

一雄出生於山梨縣，父親參郎是繪製工業設計圖的技師，一雄隨父親調任而不停搬家。九歲時，父親就任足利工業學校，檀因此搬到栃木縣，母親富美（トミ）隨即與醫學院的學生發生婚外情，丟下連一雄在內的三個孩子離家出走，接著與參郎離婚，和名叫高岩勘次郎的男子再婚。一雄身上恐怕也流著這樣的血脈。富美與勘次郎生下的女兒叫做阿耐[1]，後來嫁給了笠啟一[2]，成為知名科學教育家，在上智大學當助理教授，與一雄交情甚篤，兄妹時有往來。

一雄從福岡高等學校畢業後，攻讀東大經濟學院，求學時認識了太宰治等人，並拜入佐藤春夫的師門，開始寫小說。他在二戰期間去了滿洲國，回國後在昭和十七年（一九四二）與高橋律子相親結婚。律子生下長子太郎[3]後，罹患腸結核而臥病，於戰敗隔年去世，一雄的經典名作《律子之愛》、《律子之死》，皆是在此時期使用本名撰寫。

律子離開的七個月後，一雄與山田良初（ヨソ）子再婚，初子即檀文[4]的母親。豈料隔年昭和二十二年（一九四七），一雄再度邂逅了女演員入江杏子（一九二七年生，本名久惠），一生與她為伴。一雄耗費二十年，陸續在《新潮》連載《火宅之人》，從昭和三十年（一九五五）發表的〈誕生〉到昭和三十六年（一九六一）刊出的〈微笑〉為第一章。家中二子次郎罹患日本腦炎，在昭和三十九年（一九六四）病逝，死時才十四歲，當時一雄五十二歲。一九七一年，一雄寫完《火宅之人》的倒數第二

1　笠耐（一九三四〜），物理學家。兄長高岩淡為東映電影製作人。
2　笠啟一（一九二八〜），文藝評論家。
3　檀太郎（一九四三〜），散文家、廣告製作人，妻子是散文家檀晴子。
4　檀ふみ（一九五四〜），女演員、配音員、主持人、散文家。

章後，在一九七五年肺癌確診，躺在病床上口述完成最後一章〈螽斯〉，十一月出版單行本《火宅之人》，隔年一九七六年一月二日病逝。《火宅之人》是暢銷作，接連為他在死後奪得讀賣文學獎與日本文學大獎。

一雄的情婦入江杏子是劇團「民藝」的女演員，曾經拍電影、上電視，不知現在怎麼樣了？

當時書腰上寫著「果敢與蔓延社會的私生活主義對決」。然而，此書道盡了一個男人的半個世紀，應該拿出尊重事實的心情，用平常心閱讀吧。

＊參考文獻

• 入江杏子《檀一雄的光與影　「惠子」的來信》，文藝春秋，一九九九

織田作之助

Sakunosuke Oda

（一九一三～一九四七）

太宰治有張在銀座酒吧「魯邦」抬起單腳的知名照片，攝影者為林忠彥[1]，但其實林當時是在拍攝人氣如日中天的織田作之助，是太宰主動說：「喂，別淨拍織田作（暱稱），也拍拍我嘛。」林雖然不認識太宰，但別人告訴他太宰當時寫了《斜陽》，正在累積知名度，林才按下快門。

織田作是大阪人，原姓鈴木，是織田鶴吉的私生子，隨後母親與鶴吉結婚，因而正式掛上織田的姓。

「無賴派」泛指織田作、坂口安吾與太宰，而織田作又屬「本格無賴」。他雖然

1 林忠彥（一九一八～一九九〇），攝影師，以拍攝文豪知名。由德山市文化振興財團創立的「林忠彥獎」即為鼓勵業餘攝影師的獎項。

考上第三高等學校，卻沉迷文學與放蕩的私生活，導致二度留級，終至退學。昭和九年（一九三四），織田作邂逅了東一条咖啡廳的同年女服務生宮田一枝，旋即展開同居，與宮田家發生衝突。一枝搬到北白川後，在住家對面的咖啡廳工作，織田作飽受嫉妒所苦，聽說還因為一枝外宿未歸，氣到沒去參加畢業考。

隨後，織田作與一枝上京，投稿小說徵文比賽，將自己比為斯湯達爾《紅與黑》裡的渣男于連．索海爾（Julien Sorel）。昭和十四年（一九三九），與一枝舉行結婚典禮，之後推出的作品〈俗臭〉入圍了芥川獎，但此時他也飽受結核病所苦。

時序邁入二戰時期，昭和十八年（一九四三），織田作三十歲時，認識了在井上正夫[2]劇團演戲的女演員輪島昭子（當時二十二歲），發生關係。

隔年一月，一枝罹患子宮癌住院開刀，八月不治。織田作傷心欲絕，甚至留下遺書，但年末便與輪島昭子在大阪同居。

期間，他接了許多舞臺劇和廣播劇的編劇工作。戰敗之後，與歌星笹田和子[3]相戀，告別昭子；隔年有意與和子成婚，但春天隨即成為炙手可熱的作家，工作邀約不斷；九月被志賀直哉批評「骯髒」，對此做出反駁。兩年後，太宰治亦受到志賀抨擊，予以反擊，但時間上是織田作的事件在前。

昭和二十二年（一九四七），織田不堪勞累，一月十日大量咳血身亡，當時剛滿三十三歲，身旁陪伴他的是昭子。

弔詭的是接下來，昭子沒結婚卻自稱「織田昭子」，同時與織田作年少時期的友人、川端康成的弟子石濱恒夫[4]交往。石濱有志當作家，於東大學習美術史，昭子動不動就提織田作「多有才華」，貶損石濱。石濱以此為題材，寫了小說，雖然入圍了芥川獎，但隨即沉寂。兩人後來分手，昭子成為銀座酒吧的「夫人」，以織田昭子之名出版著作《夫人》。

題外話，織田作曾於戰後在《京都日日新聞》連載小說《即使如此，我仍前行》，書中角色皆取自有所交情的京大文學教授；產經新聞記者永田照海在〈關於伊吹武彥〉（《年度精選散文集　午後遲來的客人》，文藝春秋）一文中提到，京大法語教授伊吹在小說中以「山吹」之名登場，但小說中關於「祇園料亭聚會」的段落，報紙上不小心誤植為本名「伊吹」。伊吹對此提出抗議，隔天織田作回應：「我寫錯了，山

2　井上正夫（一八八一～一九五〇），本名小坂勇一，日本新派戲劇演員、電影導演、書法家。
3　笹田和子（一九二一～二〇〇七），女高音歌手，曾於寶塚歌劇團擔任講師。
4　石濱恒夫（一九二三～二〇〇四），文學家、作詞家，曾入圍芥川獎。

吹教授當日不在，他以媒人身分去參加學生的婚禮了。」單行本則將此段落修正為：「提到〈蘋果之歌〉[5]無人能出其右的山吹教授明日要參加婚禮，不克出席。不是山吹教授要結婚，是由他做媒的新人要舉行結婚典禮。聽不到山吹教授的〈蘋果之歌〉，因此只能由島野二三夫伴著頗具姿色的藝妓文若的三味線來演唱了。」如此這般。

題外話，小說裡有句話叫「天賜良雞」，這是通篇文章出現的錯字，單行本已修正為「天賜良機」。

＊參考文獻

• 大谷晃一《活過、愛過，寫過　織田作之助傳》，講談社，一九七三

5　一九四五年發售的歌曲，演唱者為並木路子與霧島昇。日本戰後最具代表性的復興曲。

田中英光
Hidemitsu Tanaka

（一九一三～一九四九）

田中英光的代表作是中篇小說《奧林匹斯的果實》，他是太宰治的弟子，據說〈喀嗤喀嗤山〉裡的狸貓就是在寫他。太宰自殺的一年後，田中在三鷹的墳前尾隨先師的腳步自殺為知名大事。兒子田中光二[1]也是作家，曾在多年前鬧自殺，令人深深感受到血脈的相承。

田中早期模仿武者小路實篤[2]的風格，如實寫下單相思的紀錄，完成的作品即《奧林匹斯的果實》。戰後，田中成為「無賴派」作家，重新審視其作為及作品，與早期判若兩人，彷彿世上有兩個田中英光。

1 田中光二（一九四一～），科幻、推理、冒險小說家，日本「SF作家第二世代」的代表人物。

2 武者小路實篤（一八八五～一九七六），小說家、詩人、劇作家、畫家，白樺派的代表人物，一九五一年獲頒文化勳章。

田中長得高大魁梧，昭和七年（一九三二），十九歲的他以早稻田大學划船選手的身分參加洛杉磯奧運，愛上了女跳高選手。當時選手坐船越過太平洋，船上的人都在傳兩人的緋聞，實際上他們並未交往，田中未能攻陷女選手的心，謠言僅止於謠言。

據說女子即為田中筆下的熊本秋子，本人叫相良八重，與英光同年，不過最後決賽成績並不理想，以十人中的第九名結束。八重回國之後，在學校當體育老師，並在《奧林匹斯的果實》發表的昭和十五年（一九四〇）結婚，死於一九六七年，活了五十三歲。

田中更早結婚，在昭和十二年（一九三七）娶了小島喜代子，夫妻間育有四子。《奧林匹斯的果實》雖然榮獲池谷信三郎[3]獎，但中間經歷戰事，戰爭結束後，田中加入共產黨，在新宿結交年輕的情婦山崎敬子，寫起品質低劣的私小說，接連在煽腥色雜誌發表作品，敬子亦在〈野狐〉等私小說中登場。隨後，英光酒精中毒，催眠鎮靜類藥物濫用成癮，某天拿菜刀刺了欲提分手的敬子，被送進松澤精神病院。最後雖然不起訴，英光卻跑到三鷹禪林寺的太宰墳前，吞下三百顆安眠藥與一升的燒酎割腕自盡。鄰近的孩子發現大塊頭的男子痛苦倒在寺院，緊急叫來大人送往附近的井之頭醫院急救。新潮社的野平健一[4]在第一時間趕到，當晚九點半後，宣告不治。

山崎敬子則在五年後——昭和二十九年（一九五四）年末，開著贊助者送的吉普車，不慎駕駛失誤，於五反田車站前車禍身亡。

西村賢太[5]年輕時，針對田中英光做過詳細研究，還曾親身採訪田中的友人宇留野元一，自費出版《田中英光私研究》一書。芳賀書店也曾出版全集，相關研究還不少，但是論及田中的作品本身，著實糟到讓人提不起勁讀完。

＊參考文獻

- 南雲智《田中英光評論傳　在無賴與無垢之間》，論創社，二〇〇六
- 竹內涼夫、別所直樹《田中英光的愛與死》，大光社，一九六七

3　池谷信三郎（一九〇〇～一九三三），小說家、劇作家。柏林洪堡大學肄業，為劇團「心座」與「蝙蝠座」創辦人，三十三歲死於結核病。一九三六年，菊池寬創辦的文藝春秋社創立了「池谷信三郎獎」以茲紀念。

4　野平健一（一九二三～二〇一〇），新潮社的編輯、董事、顧問。

5　西村賢太（一九六七～），小說家，二〇一〇年以《苦役列車》一作榮獲芥川獎。

木下順二

Junji Kinoshita

（一九一四～二〇〇六）

木下順二很有名，人也頗怪。總之，《夕鶴》[1]的劇本是他寫的；除此之外，他還將《平家物語》改編為戲劇《子午線的祭祀》，不過戲之所以特別，是因為使用了「多人朗讀」的手法，我很懷疑文本真的如此優異？

小說《無限軌道》為木下奪得每日出版文化獎，如今卻已被時代淘汰，據說出版當時連木下的家人都說：「這種東西到底哪裡好看？」

這裡要先提到美內鈴惠的長篇漫畫《玻璃假面》，它和馬琴的《八犬傳》一樣，劇情精采緊湊進展到一半，突然開始拖戲，作者美內雖然強調結局已經完成，但誰知道是實際完成還是只在腦內完成？想必有不少人死前的心願是看到《玻璃假面》完結篇吧。

重點在於，《玻璃假面》裡的傳說級名劇《紅天女》，就是取自《夕鶴》。漫畫中設定為已故劇本家尾崎一蓮的作品，而月影千草[2]是一蓮的舊情人，藉由主演這部戲，成為當年紅透半邊天的女演員。《玻璃假面》連載至今已超過四十載，但在漫畫裡，似乎只過了寥寥數年。

好，講到《夕鶴》，不得不提到女演員山本安英（一九〇二～一九九三）。《夕鶴》的初次公演在一九四九年，可知山本當年四十三歲。木下是山本的小情人，後來山本先一步離世。此外，我還想到另一部經典是杉村春子[3]主演的《女人的一生》，作者森本薰[4]也是杉村的情人，一樣死得很早。

《夕鶴》持續公演到一九八六年，演員山本當時已經八十歲了，我若有心也能親臨劇場，但我始終沒去看。後來我買了鮫島有美子[5]的歌劇版DVD來看。杉村去世

1《夕鶴》改編自日本民間故事《白鶴報恩》，創下一九四九至八六年連續三十七年公演一〇三七次的紀錄。

2 月影千草是《玻璃假面》（臺灣早期譯為《千面女郎》）裡的黑夫人，因臉部受傷導致右眼失明而引退，發掘女主角北島麻亞的戲劇天賦，讓她與天才少女姬川亞弓角逐《紅天女》的演出權。

3 杉村春子（一九〇六～一九九七），本名中野春子，日本新劇女演員、文化功績者。一九九八年設立的「杉村春子獎」為鼓勵新秀演員的獎項。

4 森本薰（一九一二～一九四六），劇作家、舞臺劇演員、翻譯。

後，《女人的一生》由劇團「文學座」指名平淑惠[6]接棒，後勢卻不如預期。隨著主要演員去世而沒入歷史的戲劇，到底該如何定位呢？

山本安英曾於大正中期使用藝名「山本千代」參與小山內薰等人的戲劇表演，當時，被視為萩原朔太郎[7]先驅的詩人大手拓次（一八八七～一九三四）十分迷戀她，趁著擦身而過時悄悄遞上寫了情詩的信，可惜兩人並未相互吸引，大手年紀輕輕就去世了。

我見過一次木下順二本人，是在參加完英文科教授中野里皓史的告別式，從町田車站徒步走回家的路上。木下是東大英文科的校友，曾翻譯莎士比亞，將其歷史劇統整為《薔薇戰爭三部曲》搬上舞臺，當年出版劇本時，邀請莎士比亞專家中野里教授撰寫解說，因而結緣。

木下性好賭馬，散文集《全是馬的話題》榮獲讀賣文學獎，但書籍本身並不特別叫座，令人好奇他如何維生？打聽後得知，他的書似乎都是共產黨員買單。

*參考文獻

・不破敬一郎〈木下順二與山本安英〉，《圖書》二〇〇八年十二月、二〇〇九年二月

---

5 鮫島有美子（一九五二～），聲樂家、女高音歌手。

6 平淑惠（一九五四～），女演員、配音員，代表作為《大岡越前》中的妻子雪繪。曾二度榮獲紀伊國屋戲劇獎。

7 萩原朔太郎（一八八六～一九四二），歌人、詩人，日本近代詩之父。

野間宏

Hiroshi Noma

（一九一五～一九九一）

我高中時倒是讀了不少野間宏的作品，只是每一本都很沉悶又難讀。由於當時《青年之環》[1]尚未出文庫版，我就沒讀了，然而光是講談社文庫的《我的塔就聳立於此》就已經夠厚夠悶了。

作品中有參考《神曲》寫的偉大詩人族譜：「荷馬——賀拉斯——奧維修斯——盧坎——維吉爾——但丁——海塚草一」，最下方加入主角的名字；《我的塔就聳立於此》屬自傳性質的私小說，「海塚草一」當然就是「野間宏」了，我當時心想：這人也太傲慢了吧。

坦白說，我現在依然無法理解野間宏的《青年之環》達成「全體小說[2]」的創舉是怎麼一回事，只知道他的訃聞傳來時，報紙以滿版頭條刊登。《青年之環》一共五集，均收錄於岩波文庫，一集厚達八百至九百頁，聽說全部多達八千三百張稿紙。故事描述昭和十五年戰爭時期，一位青年在大阪從事部落社福工作的種種，吳智英[3]表示，這套書會收進岩波文庫應是為了避險保值。我曾稍微翻閱，很快就累了，宣告放棄。

出身河出書房新社的編輯田邊園子如此形容野間：「大作家野間宏是傲慢不遜的藝術至上主義者、不容動搖的利己主義者、被慣壞的大孩子、無人能敵的貪婪者、謊話連篇的戰略家、黑暗無盡綿延的深邃渾沌棲息者、猛然躍出泥淖而變換自如的人物群像。」最後一句話似乎過譽了，聽說是因為野間對田邊「施壓」。

某天，工作上久未聯繫的作者突然打電話到公司找我，說正要外出對談，只報上回程時間和指定地點，不表明用意即掛上電話。

---

1 野間宏的代表作，從一九四七年寫到一九七〇年，登場人物超過一百名。此作於一九七一年榮獲谷崎潤一郎獎，一九七三年榮獲荷花國際文學獎。

2 法國作家、哲學家沙特（Jean-Paul Sartre）提出的小說方法論，嘗試以人為中心，在作品中全面地放入現實中發生的事。在日本由野間宏發展出獨特的體系：「全體」指的是社會面、生理面、心理面的三方統一。

3 吳智英（一九四六～），本名新崎智，日本書評家、漫畫評論家，信奉孔孟思想與封建主義。

（略）

「不了解女性不配稱為作家。我完全不了解妳，所以有了解的必要。」我總算察覺他的用意。

我和他有長年的合作關係，他是相當知名的作家。單方面的說法對我來說毫無意義，我反問：「您想拿我當作小說題材嗎？」他不聽我說話，呢喃起身：「要來試試看嗎？窗戶太亮了，我把窗簾拉上。」我不禁傻眼，吞聲屏息。就在我一時之間不知該如何對應時，玄關幸運地傳來電鈴聲，訪客比預定時間早到，他馬上恢復成平時的樣子。

這件事發生在一九七四年，當時野間五十九歲，田邊三十七歲。

當時，他在我們公司的文藝雜誌（《文藝》）連載作品，下一期突然暫停，聽說是為了配合作者的時程。

作品的最後一節描述男人因少女的「一句話」而「頓失目標、方針大亂」的落魄場景，聽說這是事件發生三天後交給責任編輯的原稿內容。

此處提到的「作品」其實是詩，收於詩集《堅忍不拔的鳥》。田邊確認了上一期刊登的詩，發現「少女」亦有登場，才發現原來野間「幻想的少女」是自己：

老師去世後，我在野間家向夫人報告了此事。守寡中的夫人說：「妳應該狠狠揍他一頓！」還握拳敲了安置的骨灰。夫人推測，老師早在心中「預謀」多年，所以當時的言行並非唐突之舉。

野間又不是多暢銷的作家，聽說是為了因應左翼人士的需求才會出版那些作品。

＊參考文獻
・田邊園子《女人的夢　男人的夢》，作品社，一九九二
・黑古一夫《野間宏》，勉誠出版，二〇〇四

島尾敏雄
Toshio Shimao

（一九一七～一九八六）

檀一雄的《火宅之人》與島尾敏雄的《死之棘》，是一九七〇年代後半跨越數年完成的鉅作，可謂戰後日本的二大私小說。兩部作品皆描述了己身的外遇，但《死之棘》主要寫的不是外遇，而是得知老公偷吃後發狂的妻子。

島尾畢業於九州帝大，在奄美當過特攻魚雷艇隊長，來不及展開攻勢便接獲敗戰的消息，遂與當地結識的美保（ミホ，一九一九～二〇〇七）結婚，積極執筆寫作。夫妻間育有後代，後來卻因敏雄外遇導致妻子發瘋，敏雄自己也罹患了精神疾病，回到奄美大島擔任圖書館館長，一面寫作。

《死之棘》主要描寫妻子的崩潰，全書洋溢著幽默感，尤其是敏雄（作品中寫成トシオ〔toshio〕）聽醫生說妻子得了精神病的橋段，文字寫成「我還以為是我聽錯了（聞きちがい）」，此處的「きちがい」同時具有「發瘋」的雙關；不僅如此，家

中已經夠慘澹了，出去辦事的長男（攝影師島尾伸三）還掉進壕溝裡，下半身沾滿汙泥回來，敏雄見了差點跪下雙膝，其內容淒慘到引人發噱，真是曠世名作。

當然，島尾還有出版描寫特攻隊經歷的作品及其他小說，但唯有《死之棘》經典流傳。

美保則寫了發揚奄美自然風光的《海邊的生與死》（一九七四），獲得田村俊子[1]獎，也算是某種文學人士。但是，讀過《死之棘》這部震撼人心的作品之後，我不由得對《海邊的生與死》大失所望。

島尾逝世後，美保比他多活了整整二十年，變得陰陽怪氣，終日穿著喪服，滿足人們對於「南島的幻想」，行為舉止像極了巫女。

吉本隆明將《死之棘》裡的美保定位成來自異世界的「南島之女」，這種偏東方思想的解讀方式真是相當愚蠢。不過，我認同《死之棘》的忠實讀者所說的地名如「加計呂間島」等，讀來確實有種獨特的語感。人們容易對奄美、沖繩等離島產生文學上的幻想，但是用這種方式來閱讀《死之棘》，在在顯示出文藝評論家「不套用理

1 田村俊子（一八八四～一九四五），本名佐藤とし，小說家，善於描寫官能、頹廢美麗的世界觀。

論解釋就讀不下文學」的弱點。

《死之棘》在一九九〇年拍成電影，由岸部一德[2]飾演敏雄，松坂慶子[3]飾演美保，木內綠[4]飾演第三者「邦子」；木內綠把「情婦」演得唯妙唯肖，岸部亦完美詮釋了「養小老婆的丈夫」。大概是因為這樣，隔年由大林宣彥[5]執導、赤川次郎原著的《兩個人》也請來岸部飾演偷情丈夫。

然而，我卻沒思考過這名情婦到底是誰，感覺只是個妓女或普通人，從《死之棘》的字裡行間，無從推敲情婦身分的線索。

島尾敏雄有一群堪稱信徒的研究家，當中又以接連推出「島尾紀」系列著作的寺內邦夫最具權威性。「紀」是皇帝、國王傳記所用的字，由此可看出他對島尾的崇敬。二〇〇七年，美保去世後，人們才開始積極探索島尾背後的真相。

其中之一是桐野夏生的《ＩＮ》（二〇〇九），畢竟是小說，人物改了名字。桐野循線追查島尾的情婦身分，查出可疑人物畔柳二美[6]，難掩驚訝。畔柳是活躍於戰後的女作家，藉由《姊妹》一作榮獲每日出版文化獎。桐野從泉大八[7]那裡獲得證詞，中間曾一度排除畔柳是情婦的說法，但最終還是繞回畔柳身上。除了畔柳，另一個被懷疑的對象是島尾的文學同好——後來自殺的久坂葉子[8]，然而從時間點來推斷，島尾是在她自殺之後才發生婚外情，因此這個說法不成立。

我讀完《ＩＮ》的時候，梯久美子[9]已經在《新潮》連載起〈島尾美保傳〉；前往圖書館查閱過期刊號才得知此人的身分已經揭曉，只是一般人，與島尾同屬文學社團「現在會」，志向當作家，但不曾發表作品。梯雖然使用了假名「川瀨千佳子」代稱，但連載第十三回（《新潮》二〇一四年三月號）中提到的：「查看同年（一九五二年）十月發行的三號雜誌，五名責任編輯之中，島尾與千佳子寫在一起；五號雜誌

---

2 岸部一德（一九四七～），本名岸部修三，實力派演員。

3 松坂慶子（一九五二～），演員、歌手。一九八〇年代主演《青春之門》、《寅次郎的故事：浪花之戀》、《人生劇場》、《火宅之人》等多部電影；二〇〇五年與渡哲也主演連續劇《熟年離婚》，引發話題。

4 木內みどり（一九五〇～），活躍於一九七〇、八〇年代的女演員。

5 大林宣彥（一九三八～），電影導演，日本獨立電影先驅，有「影像魔術師」之稱。

6 畔柳二美（一九一二～一九六五），小說家，曾入圍芥川獎。

7 泉大八（一九二八～），本名百武平八郎，小說家，曾入圍芥川獎，後轉型寫官能小說。

8 久坂葉子（一九三一～一九五二），小說家，本名川崎澄子，出身神戶川崎財閥。四度自殺未遂，在一九五二年的最後一天臥軌自盡。

9 梯久美子（一九六一～），報導文學作家，著作《狂人 《死之棘》之妻・島尾美保》接連獲得讀賣文學獎（評論、傳記類）、藝術選獎文部科學大臣獎、講談社報導文學獎。

中可查到千佳子署名的報導〈為了守護基地的孩子，請出席全國大會〉。」此段出現的人名在單行本中遭到刪除，大概是怕被針對吧。女子的本名是河邊智惠子。

根據梯之所見，《死之棘》是島尾與美保共同完成的作品。此外，美保並不是奄美人，而是東京人；書中提到的瘋狂舉止，多半是為了小說刻意做的效果。話說回來，梯筆下的《狂人《死之棘》之妻．島尾美保》如此大受歡迎，寫私小說的作家卻難以受到世人關注，真是奇怪啊。

＊參考文獻

・梯久美子《狂人　《死之棘》之妻．島尾美保》，新潮社，二〇一六

有馬賴義
Yorichika Arima

（一九一八～一九八〇）

有馬賴義是得直木獎的暢銷作家，代表作有電影「軍隊流氓」系列原著及推理小說《四萬名目擊者》等，當年被譽為與松本清張並駕齊驅的社會派推理小說巨匠，如今早已被世人遺忘。

如同其名，賴義來自筑後久留米的大家族有馬家，祖先是大名華族，父親是伯爵兼政治家有馬賴寧。二戰過後，他以沒落華族為題，寫下大川周明[1]的故事《終身未決囚》，奪下直木獎。

父親賴寧在二戰時期擔任大臣，淪為戰犯。有馬窮盡一生反抗家風。明治時代

1 大川周明（一八八六～一九五七），日本思想家、民族主義者，精神面倡導大東亞共榮圈，外交面提倡大亞細亞主義。是回教學者，曾翻譯《古蘭經》，同時也是二戰後唯一的平民甲級戰犯。

起，有馬家代代迎娶皇親宮家之女，有馬之母亦來自北白川宮家，然而賴義卻在昭和十九年（一九四四）不顧家族反對，與藝妓結為連理，此事寫成長篇小說《在落日餘暉中》，故事主角是妻子夕子，圍繞她的男人分別叫做「雲」、「雨」、「露」、「火」；應該是仿照《不問自述》[2]寫成的，而「露」即有馬。聽說這位妻子始終不被承認為有馬家的一分子，沒人尊稱她為「夫人」，都直呼名字。

有馬自製的年表上寫著「得獎後將近一年無人邀稿，為此苦惱」，這是騙人的。如同我在林芙美子的篇章中所述，作家何必要撒這種被害妄想的謊呢？

有馬的長子賴央在一九五九年誕生，他也反抗父親，成為水天宮的宮司。

重點來了，有馬的情人是中央公論社的優秀女編輯——被指派為《婦人公論》主編三枝佐枝子接班人的畠中久枝（一九三〇～）。他們在一九六二年左右開始交往，雙方都已婚，所以是雙劈腿；畠中不但為此離婚，更在一九六三年辭去出版工作，恢復本姓澤地。

有馬將這段倫情史寫成〈中年的彷徨〉，發表在《文學界》雜誌，從一九七一年一月連載到一九七二年五月，未完結便中斷，最後也沒有出成單行本。有馬與澤地使用的聯絡筆記在故事中被公開，按理說部分的版權應該歸澤地所有。題外話，故事裡的有馬是個不仰賴安眠藥就無法寫作的小說家，事實上則是：有馬患有睡眠藥物溴化纈草酸（bromvalerylurea）成癮症，家人特別交代附近藥局不可賣藥給他，然而有馬幫製藥公司宣傳，長年從銷售員手中取得藥物。

這部小說之所以斷尾，應該與澤地的抗議無關，聯絡筆記早在連載到第三回時即公開；最後沒有完結，是由於川端康成自殺。連載的最後部分提到了三島自裁，以及川端在都知事選戰中支持秦野章[3]等事，有馬（露）表示：「如此一來，就不能支持美濃部[4]了。」川端在一九七二年自殺，有馬打擊甚劇，試圖開瓦斯自殺，聽說當時是讀中學二年級的賴央放學回家，急忙關了瓦斯才救回父親。從此以後，有馬幾乎沒寫什麼小說，在一九八〇年去世。

澤地辭職之後，也與有馬分手，擔任五味川純平[5]的助理，隨後自立門戶，成為

2《不問自述》為鎌倉時代中後期之女性作家「後深草院二条」所寫的日記體紀行文。

3 秦野章（一九一一～二〇〇二），政治家，曾任警視總監。一九七一年在首相佐藤榮作的提名下參選東京都知事選戰，提倡「四兆圓視覺開發建案」，最後不敵改革浪潮，以超過一百萬的選票落差敗給美濃部亮吉。

4 美濃部亮吉（一九〇四～一九八四），馬克思主義政治經濟學者、政治家。日本第六、七、八任東京都知事、參議院議員。

報導文學作家，以撰寫桃色風雲的《昭和史女子》為人所知，同時也是擁護九條憲法[6]的評論家。起初，《妻子們的二．二六事件》[7]中那些欲發動政變的青年軍官，其思維雖令人無法苟同，但也有可以產生共鳴之處。此種衝突的情感，與有馬有所相通。直至今日，學界仍缺乏有馬的傳記，連現有年表是否正確翔實都教人存疑。最適合撰寫有馬傳的人無非是澤地久枝，只是她的立場有點尷尬……

＊參考文獻

•〈有馬家十六代當家「否定家世，與藝妓結婚，試圖以瓦斯自殺的直木獎作家父親」〉，《朝日週刊》二〇一四年八月一日

5 五味川純平（一九一六～一九九五），本名栗田茂，小說家，代表作為《人間條件》、《戰爭與人類》等戰爭文學，一九七八年獲菊池寬獎。

6《日本國憲法》第九條，即「和平憲法」，內容包括：放棄戰爭、不維持武力、不擁有宣戰權。

7「二．二六事件」又稱「帝都不祥事件」，指一九三六年二月二十六日發生於東京的政變。日本陸軍中的「皇道派」青年軍官，率領數名士兵刺殺政府及軍方高層的「統制派」，最後反遭肅清處決。

加藤周一

Shuichi Kato

（一九一九～二〇〇八）

加藤周一曾於晚年說道：「我結過三次婚，離過一次婚。我重視婚姻制度，但中間難免有矛盾及牽強之處。年輕男女歷經浪漫邂逅，步入婚姻，共度人生五十年，愛情還要堅貞不變，實屬困難。」（《常識與非常識》）

「結過三次婚，離過一次婚」，是因為中間經歷了死別。

加藤說的大致沒錯，但每個人對於婚姻都有各自的看法。法國作家安德烈・莫洛亞[1]年輕時是一夫多妻主義者，因此與眾多異性交往，認為等過了愛玩的年紀再結婚就好。但也有人過了五十歲仍主張一夫多妻；還有人年輕時不受歡迎，直到結婚、擁有金錢地位之後才有異性緣，花心在所難免。

1 安德烈・莫洛亞（André Maurois，一八八五～一九六七），法國傳記作家、小說家、評論家。

加藤畢業於東大醫學院，相貌堂堂，懂文學懂藝術，著作《讀書術》又是暢銷書，湊齊了各種受歡迎的條件。查看生平年表，他在一九四六年、二十七歲時首次結婚，對象叫綾子，為基督教大學畢業的醫家之女，感覺端莊賢淑，似乎會穿和服三指叩地恭迎客人，兩人在一九六〇年左右離婚。加藤在一九五二年留學維也納時，認識了在奧地利出生的希爾妲・斯坦梅茨（一九三三～一九八〇）；一九六二年，在溫哥華登記結婚。希爾妲曾出版一本《維也納風家常菜》（雄雞社，一九五八），不知為何，我找遍了日本的圖書館都找不到。一九七二——加藤五十三歲那年，從維也納的孤兒院領養了女嬰作為自己與希爾妲的養女，取名索妮，名字源自加藤的學生索尼亞・安薛。安薛是在多倫多大學當教授的加拿大籍日本文學研究家，在英屬哥倫比亞大學修過加藤的課，是《蜻蛉日記》[2]與一休《狂雲集》[3]的英文版譯者。

接著是第三段感情。邁入一九七〇年代之後，加藤愛上了矢島翠（一九三二～二〇一一），留下許多情詩。有說法是加藤與希爾妲在一九七四年左右離婚，實際上希爾妲是在將近五十歲的時候病歿，我想這段婚姻應該持續到一九八〇年。

矢島翠畢業於東大英文科，為共同通信社的海外特派記者，陪伴加藤直至臨終。希爾妲去世後，養女索妮由希爾妲的妹妹蘇西扶養，自稱索妮・加藤。

＊參考文獻

・鷲巢力《「加藤周一」生存法則》，筑摩選書，二〇一二
・山崎剛太郎、清水徹〈加藤周一的肖像——從青春到晚年〉；菅野昭正編《知之巨匠加藤周一》，岩波書店，二〇一一
・《加藤周一演講集3　常識與非常識》，鴨川出版，二〇〇三

2《蜻蛉日記》為平安時代之女流日記，作者是藤原道綱母，紀錄天曆八年（九五四）到天延二年（九七四）的貴族女子周身之事。

3《狂雲集》室町時代（一三三六～一五七三）僧侶一休宗純（號狂雲）所寫的七言絕句破格漢詩集。

豐田正子

Masako Toyoda

（一九二二～二〇一〇）

昭和十二年（一九三七），中央公論社出版了《行文教室》，蔚為話題。作者是兩位在東京的小學教寫作的男性教師，書中收錄多篇學生作品，其中又以少女豐田正子的文章格外受到矚目，正子頓時成了名人，此事還被拍成電影，由高峰秀子[1]主演。

正子長大之後，果然成為作家，與江馬修（一八八九～一九七五）親交。江馬的名字修正式讀作「nakashi」，但大家都習慣唸成「shu」。大正時代，他以戀愛小說《受難者》在文壇初試啼聲，隨後前往歐洲，成為左翼文學家，從二戰時期橫跨終戰，費時撰寫故鄉飛驒的市井小民經歷明治維新的大河小說《山之民》，成為一生代表作，在共產中國被廣泛閱讀，是當時名氣最響亮的日本作家。

江馬與豐田直到昭和二十五年（一九五〇）才認識，當時江馬已經六十一歲，豐田年僅二十八，屬忘年之交。兩人隨後以事實婚夫婦的身分相伴，在中國共產黨邀訪時，大力讚揚文化大革命，豐田甚至以己身名義寫下《延安不滅》，支持核武實驗。

豈料，江馬接著遇到名叫天兒直美（一九四二～）的女子。天兒是岡山淨土真宗本願寺派的寺院之女，弟弟為政治學者天兒慧。她在昭和三十八年（一九六三）就讀國立音樂大學時來到江馬家，與之愈走愈近，終在一九七二年從豐田手中奪走江馬。但是，江馬當時已經八十三歲了，天兒三十歲，兩人相差超過五十歲，豐田則是五十歲整。

天兒陪著生病的江馬住進醫院貼身照料，豐田認為天兒意圖藏匿江馬，鬧得滿城風雨。

三年後，江馬病逝，臨終前腦梗塞，神智不清地揍了天兒，真是心酸。天兒後來在春秋社出版了《火焰燃燒殆盡時　江馬修的一生》，編輯西垣鼎當時推測將近六十歲，鼓勵天兒執筆寫作，兩人就這樣擦出了愛苗。西垣育有兩子，皆已長大成人，本

---

1 高峰秀子（一九二四～二〇一〇），本名松山秀子，演員、歌手、散文作家。曾主演由木下惠介執導、壺井榮原著的《二十四隻眼睛》。

來預定與天兒結婚，卻在一九八八年死於心肌梗塞。天兒在美作女子大學教過音樂，離職後回老家繼承了寺院。

＊參考文獻

・豐田正子《花的告別　田村秋子與我》，未來社，一九八五
・同右《無產階級文化大革命之新中國紀行　第一部（延安不滅）》，五同產業出版部，一九六七
・天兒直美《火焰燃燒殆盡時　江馬修的一生》，春秋社，一九八五
・同右《魔王的誘惑　江馬修及其周身》，春秋社，一九八九
・同右《二次幼童　老人看護奮戰記》，影書房，一九九二

吉行淳之介

Junnosuke Yoshiyuki

（一九二四～一九九四）

吉行淳之介，風靡天下女子的奇男子。父親是昭和初期的新興藝術派作家吉行榮助，母親是理髮師——即ＮＨＫ晨間連續劇《安久利》[1]中的女主角；妹妹是演員吉行和子與詩人、芥川獎作家吉行理惠。由於榮助早逝，安久利在淳之介結婚隔年便與名叫辻復的男子再婚。據說榮助也是彷彿會在外面偷生小孩的美男子。

吉行就讀靜岡高等學校時，遇到日本戰敗，此時期結識了妻子平林文枝，先有了肉體關係才結婚。他曾想買春告別處男，但進行得不順利，最後是跟後來成為妻子的文枝發生第一次關係，順利召妓是結婚之後的事了。

1　一九九七年間播出，改編自吉行安久利的真人真事。劇中描述女主角安久利對美髮業投注熱情，與時代下的人、事、物交織而成的人生劇。吉行安久利的演員是田中美里，吉行榮助的演員是野村萬齋。

他從東大英文科肄業後，在漫畫雜誌當編輯邊寫小說，三十歲時得到芥川獎，當時卻因肺結核住院。

日本古代有句話叫：「絕色男子，無財無力矣。」現代人恐怕難以理解為何是這樣吧？按理說，有錢有勢應該比較吃得開。但是，德川時代的淨琉璃等戲劇中描繪的美男子，個個家貧如洗、弱不禁風、一戳即倒，所以又被戲稱為「滿地滾」。

有錢的男人固然讓許多女人趨之若鶩，但多半是些不懂得識人的糟糕女子；而那些有能力的好女人，更樂意去保護貧弱的美男子。當然也有強壯而受歡迎的男人，例如歌舞伎中的「助六」，這在近代並不稀奇，只是像石原裕次郎[2]那種粗獷的類型，在古代應該完全吃不開。

吉行不僅罹患肺病，還多病到被戲稱為「疾病百貨公司」，心靈上亦飽受憂鬱所苦，甚至患有白紙恐懼症。話雖如此，在他狀況好的時候，可是個座談高手，常與丸谷才一一搭一唱，言談間非但不沉悶，還懂得適時開黃腔炒熱氣氛。

陪伴吉行一生的愛人是歌手、演員宮城真理子，兩人結識於昭和三十二年（一九五七），契機是吉行獲得芥川獎後的雜誌三方對談。宮城小吉行三歲，當年紅遍大街小巷。吉行並未刻意對妻子隱瞞外遇之事，聽說妻子文枝都稱他為「小哥」。但是，隨著吉行與宮城愈走愈近，妻子開始出現脫序行為，砸碎宮城的唱片、徹夜撥打無聲電話，最後進了精神病院。兩年後，吉行和妻女分居，與宮城展開新生活。宮城接著創辦了沉睡之樹學園[3]。吉行應該很想與宮城結婚，然而太太不願離婚。

此外，吉行似乎很嚮往父親的友人——川端康成的世界。他仿效川端，將私小說變化為幻想風格，例如《奇妙況味的小說》，就是在模仿川端的《掌之小說》。可惜川端是個曠世奇才，終究令他望塵莫及。

引發話題的《黑暗中的節慶》描寫男人在生日當天同時收到兩名女子送的花，深感毛骨悚然。因為是私小說，所有人都猜兩名女子的身分是文枝與宮城，但文枝在《淳之介的背影》中說明「故事是虛構的」。據說她曾向先生抱怨，當時《新潮週刊》做了報導。

除此之外，吉行還有一本《暗室》，描述在銀座俱樂部認識的兩名女子——高山勝美（書中叫多加子）、大塚英子（夏枝）與他之間的感情，兩人亦留下關於吉行的

---

2 石原裕次郎（一九三四～一九八七），風靡昭和時代的演員、歌手、配音員、主持人。哥哥為前東京都知事石原慎太郎。

3 為身障兒創立的社會福利特教學園，位於靜岡縣掛川市。

著作。大塚表示，到吉行去世為止，自己與他交往了二十八年，由此可知，兩人是從一九六六年開始糾纏不清。高山勝美則是從昭和三十三年（一九五八）開始交往，一九七〇年嫁做人婦，據說隔年生下了吉行的小孩，也有寫小說，但身分始終未揭曉。而《直到夕暮》（一九七八）是吉行耗費大把時間寫成的話題之作，內容卻奇淡如水，沒有特別好看。

廣津和郎還有像X子那種跟蹤狂事件，增添了趣味性；反觀吉行的女性關係及描寫感情的作品，都不是特別有趣，也沒有厲害到讓人咬牙稱羨的地步，反而使人悵然興嘆：原來受歡迎的男人，生活竟如此索然無味啊。談到吉行的事蹟，無關作者性別，每一篇文章都四平八穩，沒有教人眼睛一亮的軼事，缺乏三島激賞的「木炭盆旋轉」[4]之小說張力。

先不提現在，有些人很迷吉行，我的朋友當中就有吉行的信眾；但也有人的博士論文是在反省自己從前不該盲從吉行，如關根英二[5]。

一九八三年，中上健次[6]未能拿下谷崎潤一郎獎時，江藤淳痛批評選委員吉行是「文壇的人事擔當常務」，據說吉行花了一整夜向中上說明他落選的原因，中上告訴江藤：「吉行這個人不一樣。」（對了，許多人都寫成「人事部長」，但江藤寫的明明是「人事擔當常務」。）

不少認識吉行的人都出版過回憶錄，眾人皆迷戀他，或許他本人相當有趣吧？至少從字面上感覺不出來。吉行給人文字煽情的印象，實際上他的文章一點也不煽情。他雖然將西鶴[7]的作品譯成現代白話文，但西鶴的文章亦不如想像中色情。不久前舉辦的「春宮畫」展引發熱烈討論，我十幾年前才看了一陣子春宮畫就膩了，這部分跟吉行挺像，人們容易擅自以為他很刺激。

吉行有個女兒叫做麻子，不知道現在怎麼樣了？

---

4 出自柳田國男《遠野物語》中的篇章，描述佐佐木喜善在曾祖母過世當夜，按照習俗燒炭守靈時發生的靈異故事。曾祖母化作幽靈現身，和服衣襬碰到地爐中的木炭盆，木炭盆便旋轉起來。三島由紀夫在散文集《何謂小說》中大讚「木炭盆轉動」的段落「就是小說」。

5 關根英二（一九四八～），東大文學院法文系畢業，日本近代文學研究家。

6 中上健次（一九四六～一九九二），小說家，出身部落，為封建時期賤民階級的後代，多部作品也與部落民有關。代表作《岬》榮獲第七十四屆芥川獎。

7 井原西鶴（一六四二～一六九三），本名平山藤五，江戶時代前期的俳人，以及浮世草子、人偶淨琉璃作家，與近松門左衛門、松尾芭蕉合稱「元祿三文豪」。代表作為《好色一代男》，白話文版由吉行淳之介翻譯。

*參考文獻

• 大塚英子《吉行淳之介與我　在「暗室」中藏起的深邃洞穴》，河出書房新社，一九九五（後收於文庫）
• 同右《「暗室」日記》，河出書房新社，一九九八
• 同右《「暗室」中的吉行淳之介　定期來訪的男子與等待的女子交織而成的頂級奧妙人生與兩人的實情》，日本文藝社，二〇〇四
• 高山勝美《特別的外人》，中央公論社，一九九六
• 吉行和子《哥哥淳之介與我》，潮出版社，一九九五
• 宮城真理子《關於淳之介先生》，文藝春秋，二〇〇一（後收於文庫）
• 吉行文枝《淳之介的背影》，港之人，二〇〇四
• 佐藤嘉尚《人見人愛的男子　吉行淳之介傳》，新潮社，二〇〇九

安部公房

Kobo Abe

（一九二四～一九九三）

安部公房曾於晚年自嘲：「年輕人已經不認識安部公房了。」但他死後過了二十四年，作品仍持續推出文庫版，大概是一些科幻迷在讀吧？

安部雖揚言「絕對不寫私小說」，但他最初寫的《在路標的盡頭》正是根據在滿洲長大的經歷寫成，算是一種私小說；更別提其代表作《沙丘之女》，簡直就是在比喻婚姻。儘管這樣解讀的人並不多，但我最近開始認為這是某種不同型態的私小說，不容置疑。也許大家心裡都這麼想，顧慮到安部夫人的心情，不好公開講。

安部夫人是舞臺美術師、畫家安部真知。安部也有演戲，擁有「安部公房工作室」。安部專寫荒誕派劇本，並不是特別有趣。他因為戲劇工作認識了真知，步入禮堂，卻與在桐朋學園短大指導過的學生——後來成為女星的山口果林（一九四七～）偷情長達二十年。

安部去世時，週刊雜誌寫他死於果林家，隨後果林出版《安部公房與我》，證實了此事。安部去世不久，夫人真知也跟著離世，目前由女兒真能練（ねり）撰寫《安部公房傳》（安部練）等，書中當然隻字未提山口果林之事。

三島由紀夫
Yukio Mishima

（一九二五～一九七〇）

三島由紀夫是知名的同性戀者，但事實上他結了婚也有小孩，交過女朋友，所以應該是雙性戀吧。

三島十九、二十歲的時候，交過一個女朋友叫三谷邦子，是友人的妹妹，雖然寫了情書給三島，隨後卻嫁給年長十歲左右的男人。接著，據說三島曾與名叫佐佐悌子的女性交往。他在戰後拜川端康成為師，辭去大藏省的工作之後，迅速躋身暢銷作家之列。川端的養女政子生得貌美如花，三島有意娶她為妻，向川端夫人探聽口風，夫人考量雙方並不合適，因此就當沒這回事。這是昭和二十七年（一九五二）六月發生的事。

此外，岩下尚史[1]在《直面》中詳細寫道，從昭和二十九年（一九五四）起的三年間，三島有女性情人，此人是赤坂料亭「若林」之女，舊名為豐田貞子，生於昭和七年（一九三二），是第六代中村歌右衛門[2]的熟識，聽說後來與慶應畢業的男人結婚了。岩下在書中辛辣評論：「即便三島是人氣作家，赤坂和歌舞伎圈一流的顧客仍是企業家或政治家，文人根本不值一提。」

三島與貞子分手一年之後，昭和三十三年（一九五八），經由川端夫妻的說媒，與畫家杉山寧的女兒瑤子結婚，膝下育有一雙兒女。

福島次郎（一九三〇～二〇〇六）在《三島由紀夫　劍與寒紅》（一九九八）中細細交代自己與三島的同性之愛，三島的家族後代以「未經同意刊出三島的信件違反著作權法」為由提告，取得勝訴。真正引發爭端的當然是書中的同性戀情節，但因死者沒有隱私權，所以搬出著作權法打官司。

由我主動緊抱三島的身體，激情吮吻他的頸項。

三島扭動身軀，悄聲在我耳畔呢喃：

「我好……幸福……」

他的聲音因為歡愉而濕潤，語氣順從而溫柔，與我平時熟悉的三島的聲音截然不同。（《劍與寒紅》）

熟識三島的評論家如村松剛等人所著的三島傳，多半否定同性戀的說法。然而三島推出《假面的告白》時，曾在寫給精神科醫師式場隆三郎[3]的信中表明「這幾乎等於是私小說」。至於式場如何回應，以及兩人之後微妙的關係演變，可從三島借用式場的著作名稱寫下〈薩德侯爵夫人〉、〈夜之向日葵〉等劇本一事看出端倪。

三島最後的情人，應該就是替他在切腹時砍頭的森田必勝[4]，其他可疑的對象還有深澤七郎[5]。深澤是相當徹底的同性戀者，據說曾引發右翼強烈反彈的〈風流夢

1 岩下尚史（一九六一～），作家、傳統文化評論家。
2 第六代中村歌右衛門（一九一七～二〇〇一），本名河村藤雄，歌舞伎演員、日本藝術院會員，被譽為「人間國寶」。
3 式場隆三郎（一八九八～一九六五），精神科醫師、醫學博士、文學愛好者，與眾多文人、藝術家有所交流，特別關心他們的精神問題。代表作有《二笑亭綺譚》、《炎之畫家梵谷》等。
4 森田必勝（一九四五～一九七〇），與三島一同發起自衛隊軍事政變，繼三島之後切腹自殺。
5 深澤七郎（一九一四～一九八七），小說家。代表作《楢山節考》曾改編為電影，獲得金棕櫚獎。短篇小說〈風流夢譚〉因內容涉及皇室成員被民眾斬首的情節，引發右翼團體抗議，闖進中央公論社社長嶋中鵬二家行凶，重傷其妻、殺害傭人的慘案，史稱「嶋中事件」。

譚〉，是在三島的極力推薦下刊登，釀成大禍之後，三島卻噤聲不語。

三島從年少起便熱愛歌舞伎，觀劇時還會仔細寫下筆記。歌舞伎的圈子有不少男同志，而男性歌舞伎評論家當中，也有許多人對同性愛感興趣。我近日赫然發現，自己之所以無法深入歌舞伎的世界，難不成是對同性愛沒興趣的緣故？傳聞說三島與第六代中村歌右衛門也有特殊關係，以歌右衛門為題材寫下的《旦角》（一九五七）中即描寫了男色的世界。豈料，三島卻在他過於年輕的「晚年」，改口將歌舞伎的旦角說得如同怪物一般。

井上光晴

Mitsuharu Inoue

（一九二六～一九九二）

井上光晴雖有名氣，卻是個無冕作家。他的《地之群》入圍芥川獎時，資歷上已經不是新人，作品則因篇幅過長未能獲獎，之後雖勤於推出作品，卻無緣得獎，但也有可能是他主動推辭；相對地，長女井上荒野榮獲直木獎後則屢屢得獎。

井上與瀨戶內晴美有長達八年的婚外情。井上荒野在《小說TRIPPER》[1]連載的〈那裡的鬼〉，即是在描寫父親光晴與瀨戶內的地下情。隨後，瀨戶內寂聽（即晴美）亦在《東京新聞》二〇一七年二月十五日的晚報上，於不定期連載的〈緣之去向，現在〉中承認此事。

瀨戶內大井上四歲，生於德島，畢業於東京女子大學，接受過當時最高等的教

1 朝日新聞出版旗下的文藝季刊。

育，並於昭和十八年（一九四三）回到家鄉相親結婚，生下女兒。不久之後，與丈夫的學生相戀，私奔東京，與之分分合合、藕斷絲連直到昭和四十年（一九六五）遇見井上。期間與同人誌夥伴——同樣已婚的作家小田仁二郎（一九一〇～一九七九）發生婚外情，據說兩人光明正大到處遊玩。她與小田的關係持續到昭和三十四年（一九五九），接著似乎又回頭去找初戀情人。瀨戸內將此時期的事蹟寫成《夏之殘戀》，若不知道這段由來，恐怕不好理解內容。

一九六五年，瀨戸內四十三歲，井上三十九歲。瀨戸內出版了《加乃子撩亂》、《不安定之美》等多部膾炙人口的作品；井上則出版了作品集，是賣座的左翼作家，此時期兩人都未得到文學獎為共通之處。

時序邁入一九七三年，瀨戸內終於告別與井上的多年關係，遵從今東光（法號春聽）出家為尼，改名寂聽。之所以選擇了自民黨參議院議員東光，難不成是為了徹底遠離井上？

第六章

昭和初期出生

澀澤龍彥

Tatsuhiko Shibusawa

（一九二八～一九八七）

這人說來奇妙，名字就是不能寫成「渋沢竜彥」。他是澀澤榮一[1]的遠親，本名龍雄，總是戴著墨鏡，長相帶有神祕感。澀澤出身東大法文科，翻譯了薩德[2]，被視為猥褻禁書而收到告訴，但獲得文化界的支持。

除此之外，澀澤也寫如《黑魔術手帖》等暢談西洋地下文化的有趣散文。小說亦在他的寫作範圍，《唐草物語》得了泉鏡花獎，遺作《高丘親王航海記》榮獲讀賣文學獎。

然而，他的著作評價相當兩極，淺田彰[3]曾公開批評，蓮實重彥[4]想必也是不予置評吧。薩德更被認為是古時候挑戰社會秩序的作品，說穿了，就只是神經病加虐待狂寫的小說而已。

我上大學才知道澀澤的第一任太太是矢川澄子（一九三〇～二〇〇二），不由得一陣頭暈。矢川澄子是教育學者矢川德光之女，既是奇幻評論家，又從事翻譯，是我崇拜的對象。奇幻世界的矢川澄子配上薩德澀澤，有如虐待狂娶了小少女，給人淫靡之感。

馬里奧・普拉茨[5]有部名作叫《肉體、死亡與惡魔》，此人是義大利美術史家，據說維斯康堤[6]的《家族的肖像》中的老教授就是以他為藍本，而《肉體、死亡與惡魔》的英譯書名「*The Romantic Agony*」亦相當經典。據說此書是澀澤的創作靈感來

---

1 澀澤榮一（一八四〇～一九三一），幕末到大正初期的武士、官僚、實業家，日本資本主義之父，設立第一國立銀行、東京證券交易所等多項設施。曾兩度獲提名為諾貝爾和平獎候選人。

2 唐納蒂安・阿爾豐斯・弗朗索瓦・德・薩德（Donatien Alphonse François Sade, Marquis de Sade，一七四〇～一八一四），法國貴族、作家，通稱「薩德侯爵」，出版一系列色情和哲學書，曾入監獄及精神病院。意指「施虐癖」的「薩德主義」（Sadism）就是源自於他的名字。

3 淺田彰（一九五七～），評論家，專業領域為觀念史與當代哲學。

4 蓮實重彥（一九三六～），文藝、電影評論家，法國文學研究家、小說家，專攻表象文化論。

5 馬里奧・普拉茨（Mario Praz，一八九六～一九八二），義大利美術史家、文學研究家。

6 盧契諾・維斯康堤・迪・莫德羅內，洛納泰波佐洛伯爵（Luchino Visconti di Modrone, conte di Lonate Pozzolo，一九〇六～一九七六），義大利電影、舞臺劇導演，生於米蘭。執導的代表作有《沉淪》、《異鄉人》、《納粹狂魔》、《魂斷威尼斯》等。

源，由倉智恒夫[7]等人翻譯，國書刊行會發行。一九八七年的春天，我去八王子研討中心聆聽研究所的倉智學長演講，聽他說白水社等其他三家出版社正在著手翻譯，因為他們先行出版，因此吃上官司；不僅如此，第一時間給予讚賞的磯田光一[8]去世了，澀澤則是身體微恙，言下之意是，「這是一本受詛咒的書」；巧的是，澀澤真的在同年夏天去世了。

澀澤與矢川在昭和三十四年（一九五九）結婚，四十三年（一九六八）離婚，接著與名字跟他神似的女子——龍子再婚了，我在報紙訃聞中看見喪主的名字時微吃一驚。而詩人加藤郁乎[9]在回憶錄《後方見聞錄》中表示，澀澤與矢川離婚，是由於矢川與他發生婚外情。也有傳聞指出，松山俊太郎[10]迷戀過矢川。

矢川在一九九五年出版的散文集《小哥　回憶澀澤龍彥》中公開澀澤曾三度、四度要她墮胎。「太過分了，這已經不是崇拜薩德，而是薩德的化身了。」如此這般，澀澤的風評因而悄悄下滑。在一九九七年二月號的《正論》[11]當中，矢川與池田香代子[12]、山下悅子[13]的三方對談〈卒後十年．澀澤龍彥的真面目　架空庭院的小哥〉中亦談及此事，每當山下想指責男人自私，矢川都說自己愛著澀澤，簡直無可救藥。

矢川起初翻譯德文，接著也翻譯英語，大量經手奇幻兒童文學如恩德[14]、葛里克[15]

等暢銷名著，應該賺了不少錢，卻在不久後自殺了，據說是因為看到河出書房新社出版的澀澤著作當中附的年表上完全沒有提到自己，打擊甚大。矢川和吉行淳之介的妻子一樣，稱呼自己的先生為「小哥」，不僅如此，她似乎到死都迷戀澀澤。

---

7 倉智恒夫（一九三六～），法國文學、比較文學研究家。
8 磯田光一（一九三一～一九八七），文藝評論家、英國文學研究家。
9 加藤郁乎（一九二九～二〇一二），詩人、俳人、俳諧評論家。
10 松山俊太郎（一九三〇～二〇一四），印度學者、奇幻文學研究家。
11 產業經濟新聞社於一九七三年創刊的月刊雜誌。
12 池田香代子（一九四八～），德文翻譯、社運人士。
13 山下悅子（一九五五～），女權研究家、文藝評論家。
14 米歇爾·恩德（Michael Ende，一九二九～一九五五），德國童書作家、奇幻作家，以《說不完的故事》（電影改題為《大魔域》）聞名於世。曾以《吉姆波坦的火車頭大冒險》和《默默》（*Momo*）二度榮獲「德國青少年文學獎」。
15 保羅·葛里克（Paul Gallico，一八九七～一九七六），美國小說家，代表作有《雪鵝》、《海神號歷險記》等。

開高健

Takeshi Kaiko

（一九三〇～一九八九）

開高健滿五十八歲去世後五年，身為散文家的女兒開高道子在東海道線茅崎路段跳軌自殺，得年四十二。

開高的摯友——日本文學研究學者谷澤永一在《回想開高健》中揭露原因。谷澤畢業於關西大學，在此任教；開高畢業於大阪市立大學，兩人是同人誌《鉛筆》的夥伴。此同人誌的參與者還有詩人牧羊子（一九二三～二〇〇〇），本名初子，後來成為開高的太太，傳聞是名惡妻，據說開高害怕妻子到罹患了憂鬱症，去南美展開釣魚之旅，飛機一離陸，憂鬱症便不藥而癒，他也透過釣魚散文《OPA!》[1]提升了知名度。

根據谷澤描述，牧年長開高七歲，看中開高的才華，誘惑二十一歲的處男開高上床。《回想開高健》出版於一九九二年，女兒道子在兩年後自殺，不知原因是否與此有關？

牧雖然被形容成惡妻，但也只是思慮不周，例如不小心將開高隱瞞的癌症病情說出去，或是開高去世之後，自己在電視節目上反客為主等等。

看來似乎是谷澤對牧懷恨在心，將她視為折磨開高的惡妻。谷澤在一九八三年的《別冊文藝春秋》上刊登散文〈加油、加油，牧羊子〉，被選入《年度精選散文集 午後遲來的客人》當中。然而這篇散文並非在替牧加油，而是開高與牧決定共度良宵那天，兩人在《鉛筆》解散的歡送會結束後一同消失，谷澤起鬨道：「牧今天要吃掉開高囉！」並高喊：「加油、加油，牧羊子！」就是如此低級沒品的散文。

開高在《耳之物語》中寫下此事，說明：牧不久便懷孕了，開高的母親找谷澤商量，谷澤對此沒有太多想法，惹怒他的母親，促成兩人成婚。二十二年之後，開高的母親又跑去找谷澤，萬般心疼地抱怨：「都是阿初設計一切，好讓阿健娶她！」「那孩子寫東西為什麼這麼色情呢！」大致是如此。

1 開高健的代表作，內容描寫與亞馬遜河的猛魚搏鬥的過程，書中附有多張魄力十足的照片，令人忍不住大嘆：「OPA!」（巴西語的感嘆詞）。

＊參考文獻

• 谷澤永一《回想開高健》，新潮社，一九九二（後收於PHP文庫）

高橋和巳
Kazumi Takahashi
（一九三一～一九七一）

高橋和巳可說是全共鬥世代[1]的冠軍作家，但是在我高中時期（一九七八～一九八一），老師們提到高橋和巳的名字，臺下學生都說不知道。也或許這些學生存心唱反調，就算知道也裝作不知道吧。

高橋讀的是京大，曾經接受吉川幸次郎[2]指導，是中國文學研究家，在石原慎太郎以〈太陽的季節〉獲得文學界新人獎的同一時期投稿，慘遭淘汰。七年後，一九六二年，高橋以長篇小說《悲之器》榮獲文藝獎，正式踏入文壇，直到死亡的九年間，

1　日本於一九六、七〇年代發生的學生運動，各地大學組織「全學共鬥會議」，發起罷課、占領校園等學生抗議運動。

2　吉川幸次郎（一九〇四～一九八〇），中國文學研究家、京都大學文學博士、日本藝術院會員、文化功績者。

接二連三地發表《邪宗門》等多部小說、評論及散文作品。高橋的小說一律刊在《文藝》[3]上，自從文藝獎得獎以來，不曾再拿下任何文學獎項。

他的妻子是近幾年過世的高橋和子[4]。和子畢業於京大法文科，對京都瞧不起女性的風氣很感冒，夫妻倆搬到鎌倉住，和巳以京大助理教授的職務為由，獨自前往京都工作。在學生運動最鼎盛的時期，高橋力挺學生，成為左翼學生心目中的英雄。他和京大學長梅原猛及同梯的小松左京（一九三一～二〇一一）去喝酒，高橋失控叫罵：「小松、梅原哥，你們兩個太狡猾了。」梅原先一步開溜，剩下小松被罵得狗血淋頭，以上出自梅原之筆（《學問的建議》）。

高橋在京都似乎有結交情婦，根據《繞著舞臺、舞臺繞圈——山崎正和[5]口述歷史》一書記載，一九六四年左右，山崎與高橋及河出書房的寺田博[6]去喝酒，高橋失控（應該是喝醉了），嚷著「我要自殺」，寺田和山崎扛著他去飯店，寺田的上司坂本一龜說他知會「高橋的女人」了；一九六六年，山崎與高橋在早稻田短歌會聊天時，高橋開口就說：「其實今天早上，我才在女人那裡發生爭執，腦袋還轉不過來。」這場演講以〈墮落的雙重性〉為標題出版，內容卻少了這部分。

高橋因為癌症，四十歲就病逝了，看他如此好酒貪杯，沒得癌症八成也活不長。

隨後，妻子和子出版《高橋和巳的回憶》，形容高橋在家是「自閉症的瘋子」，但事實上「自閉症」是一種腦功能發生障礙的病症，現在反而會被視為誤用或歧視。

和子後來也開始寫小說，成為天主教徒，晚年住在鎌倉。直到她去世之後，人們才知道原來她和從事翻譯的弟子鈴木晶[7]是半同居關係。

＊參考文獻

• 川西政明《高橋和巳評傳》，講談社，一九八一（後收於文藝文庫）

3 日本文藝雜誌，一九三三年由改造社創刊，一九四四年由河出書房接手發行，一九五七年改為河出書房新社時曾短暫休刊，一九六二年復刊至今，現為季刊。

4 高橋和子（一九三二～二〇一三），小說家，作品曾獲田村俊子獎、女流文學獎、讀賣文學獎、每日藝術獎。

5 山崎正和（一九三四～），劇本家、評論家、戲劇研究家，日本藝術院會員、文化功績者。

6 寺田博（一九三三～二〇一〇），編輯、文藝評論家。

7 鈴木晶（一九五二～），舞蹈評論家、舞蹈史家、翻譯。

江藤淳
Jun Eto

（一九三二～一九九九）

江藤淳，本名江頭淳夫，祖父與外祖父皆為海軍軍官，自幼喪母，由繼母扶養長大，聽說瞧不起父親為平庸的銀行行員。江藤矮小且其貌不揚，卻擁有文學及音樂的才華，能辯才無礙。他在湘南中學（現改制為高中）結識了石原慎太郎，隨後轉學到日比谷高中，得了肺結核而臥病，東大落榜，最後念了慶大英文科。大學一年級時，與關東州長官三浦直彥的女兒慶子同班，慶子是位高眺知性的美女，專攻法文，與江藤相戀，兩人一上研究所就結婚了。

夫妻間沒有生小孩，但給人鶼鰈情深的印象，飼養了狗兒填補遺憾，江藤的狗散文裡，還附上妻子「江藤慶子」繪製的插畫。

然而妻子罹癌，六十六歲離世。江藤出版了《妻子與我》，成為暢銷書。但不久之後，他便因為腦梗塞發作，在一個夏雷作響的日子留下遺書「我要去見慶子了」，自殺身亡。

看上去似乎是則愛妻佳話，事實上江藤擁有藝妓情婦，曾請業主將稿費對半分，一半匯給自己，一半匯入情人的帳戶。也許江藤十分嚮往戰前的昭和生活，才會時常出入花街柳橋的老字號料亭龜清樓，還挑了藝妓作情婦。

生島治郎
Jiro Ikushima

（一九三三～二〇〇三）

生島治郎是冷硬派的直木獎作家，本名小泉太郎，第一任妻子是小泉喜美子（一九三四～一九八五）。喜美子舊姓杉山，高中畢業後，認識了在早川書房工作的生島。過去她也喜愛寫小說，生島認為一個家有兩名作家不好，禁止妻子寫作。但是，喜美子悄悄報名文藝春秋的徵文比賽，得了獎也出了書，即《辯方的證人》（一九六三）。隨後夫妻不合，終至離婚。喜美子持續小說創作及翻譯，五十一歲時不慎從酒店樓梯摔落，撞到頭部身亡。

喜美子去世的前一年，生島才剛出版私小說《一隻翅膀的天使》，內容描述生島愛上來自菲律賓的妓女，與她結婚。當時生島五十一歲。此書被視為動人的純愛物語，叫好又叫座，甚至改編成電影上映（二谷英明、秋野暢子主演，舛田利雄執導，一九八六）。

然而根據續集描述，生島在菲律賓籍太太的家人面前受挫，終致離婚。一九九九年出版的《暗雲　再見，你好「一隻翅膀的天使」》成為系列完結篇；文庫版的標題改成《天使與惡魔之間　再見，你好「一隻翅膀的天使」》。《一隻翅膀的天使》雖然紅極一時，世人卻不怎麼關心作者本人的生活。二〇〇三，生島黯然離世。

＊參考文獻

• 生島治郎《浪漫疾風錄》，講談社，一九九三（後收於文庫）
• 同右《能化作星星嗎？　浪漫疾風錄第二部》，講談社，一九九四（後收於文庫）

池田滿壽夫

Masuo Ikeda

（一九三四～一九九七）

池田滿壽夫是聞名全球的版畫家，小說《獻給愛琴海》亦奪下芥川獎，由他自行拍成電影，接連推出續集《從窗外看見羅馬》。《從窗外看見羅馬》的電影海報上有主演的中山貴美子的半裸身影，搭配當時紅極一時的文宣「注視我，觸碰我」（私を見て、私に触って），評論家與知識分子對此嗤之以鼻。我在數年前觀賞了影片，根本不像他們形容的那麼糟。

池田在芥川獎的加持下，名氣更加響亮，與當時受歡迎的小提琴家佐藤陽子（一九四九～）爆出婚外情。佐藤是外交官岡本行夫的太太，池田雖遭受抨擊，不過在當時的氣氛下，也有不少人支持他們。最後他與陽子在一起，成為生涯的「夫婦」。

事實上，池田與陽子並未正式登記結婚。著作權由以陽子為代表的財團繼承，這麼做有其必要，否則知名畫家可能會因贈與稅而破產。會變成這樣，是由於池田的第一段婚姻並未正式離婚。

池田的最後一位情人、臺灣籍畫家池依依（一九六二～）在《池田滿壽夫，另一段愛》中如此寫道：

「第一任妻子要滿七十歲了，我們已經許久未見。我認為這樣就好……」

他一反常態地喃喃自語。

「我很痛心，但我也有難處……」

他的身邊圍繞著複雜的人際關係。

相關文獻請見〈連續四十年拒絕離婚〉（佐藤陽子《MASUO MY LOVE》）。

查看年表，池田十九歲時，與年長一輪的寄宿女孩登記結婚。二十七歲時，與剛以詩人身分得到H氏獎[1]的富岡多惠子（一九三五～）同居。富岡現在是藝術院會員，為詩壇重要人物，聽說年輕時相貌甜美。

1 由日本現代詩人會主辦的文學獎，被譽於「詩壇的芥川獎」。

池田與池依依似乎從一九九二年左右開始交往，但他最後倒在家中，被回家的陽子發現。

＊參考文獻
・池依依《池田滿壽夫，另一段愛》，河出書房新社，一九九八
・佐藤陽子《MASUO MY LOVE》，KSS，一九九八

後記

過去密特朗出任法國總統時，情婦之事曝光，面對記者的質問，密特朗回應：「那又如何？」為其著名軼事，渡邊淳一更乘機推出《et alors 那又如何？》一書。約莫十五年前，我在某私大指定學生閱讀論及此事的《法國為何沒有愛情醜聞？》，一位女學生在報告時表示：「日本要是和法國一樣就好了。」我不禁反問：「那麼，密特朗的太太該怎麼辦？」她有點錯愕，結巴回答我：「恢、恢復單身生活似乎不錯。」

由於當年是那樣的時代，女性從家庭的束縛當中解放，給予人們追求自由的美好想像。說起來，七〇年代的氛圍也是如此，誰會想到若是孩子還小該怎麼辦呢？

換作現在，可就不能等閒視之了。長輩高齡化，需要照護，最能仰賴的幫手就是妻子。從前可能還有兄弟姊妹互相照應，但現在手足少了，想花心可得趁早，還要父母手足都健康才行。

文士風月錄：另類的日本近代文學史
文豪の女遍歷

作者　小谷野 敦
譯者　韓宛庭
社長　陳蕙慧
副總編輯　戴偉傑
主編　周奕君
行銷總監　李逸文
行銷企畫　廖祿存
封面設計　朱　疋
內頁排版　極翔企業有限公司

集團社長　郭重興
發行人兼出版總監　曾大福
印務　黃禮賢、李孟儒
出版　木馬文化事業股份有限公司
發行　遠足文化事業股份有限公司
地址　231新北市新店區民權路108之3號3樓
電話　02-22181417　傳真　02-86671065
email: service@bookrep.com.tw
郵撥帳號　19588272 木馬文化事業股份有限公司
客服專線　0800221029
法律顧問　華洋國際專利商標事務所 蘇文生 律師
印刷　前進彩藝有限公司
初版　2019年1月
定價　400元

ISBN 978-986-359-606-6

歡迎團體訂購，另有優惠，請洽業務部02-22181417分機1124、1135

國家圖書館出版品預行編目(CIP)資料

文士風月錄：另類的日本近代文學史 / 小谷野敦著；韓宛庭譯. -- 初版. -- 新北市：木馬文化出版：遠足文化發行, 2019.1
288面；14.8×21公分
譯自：文豪の女遍歴
ISBN 978-986-359-606-6（平裝）

1.作家 2.傳記 3.日本

783.127　　107017645